最新版

独学・過去問で効率的に突破する！

「技術士試験」勉強法

鳥居 直也

Naoya Torii

同文舘出版

はじめに

技術士という資格は、何年もかかって上っていく階段のようなものです。そもそも技術士への階段を上り始めるためには、「ＪＡＢＥＥ認定プログラム修了」もしくは「一次試験合格」というハードルを越えなければなりません。そして、所定の実務経験を積み上げた後に二次試験を受験できますが、これは筆記試験と口頭試験の２つのハードルを越えないと合格できませんし、初めての受験で突破できる人はあまりいません。

合格後は、他部門を目指すこともできます。特に、総合技術監理部門は「一段上」の扱いを受けています。むしろ最近では、一部門・科目を合格しただけで満足する人は少なくなってきており、そうした意味においても、技術士はロングランの資格であるといえるでしょう。

我われ技術者は、ともすれば所属組織の中で受け身となり、目の前に置かれた仕事を次々とこなすだけの毎日に陥ってしまいがちです。しかし、そのように忙しい日々の中で努力を重ね、ついに技術士資格を手にした人の多くが、試験を通じて自分は成長できたと実感し、口にします。

技術士という資格試験は、受験テクニックだけでは突破できません。自分の技術体系を整理し、また広げ、さらに積み上げなければなりませんし、社会とのつながりや、自分が社会の中で果たす役割もしっかりと意識しなければなりません。その中で鍛えられ、成長するのです。

本書では、一次試験、二次試験、他部門、総監とステップアップしていく皆さんのために、各試験の考え方・方法論を中心に解説しています。

今回刊行となる最新版では、令和元年度に改定された二次試験方法の変更内容を反映させ、求められる資質（コンピテンシー）を意識して内容を大幅に書き換えました。試験の求めているものとズレた方向に向かっていては、いくらがんばっても効果は得られないからです。

本書を、日本技術士会のホームページやさまざまな市販書籍、学習サイト等から入手できる過去問題や練習問題とあわせてお使いいただき、余計な回り道をすることなく技術士試験の合格を手にしていただければと思います。

先ほども述べたように、皆さんは多忙な日々の中、学習に取り組むことになりますが、仕事と試験はぜひ両立してください。「仕事は仕事、試験は試験」ではなく、「仕事も試験も一緒にできないか」と考えていただきたいのです。

自分自身の長年の実務経験の中で得たノウハウを試験に活かすのは当然ですが、仕事が忙しい中、趣味や家族サービス等を我慢してまで取り組む試験勉強で得た知識や考え方・方法論を、ぜひ仕事にフィードバックしてください。

技術士資格への挑戦の過程そのものが、皆さんの人生の糧となることをお祈りします。

二〇二〇年一二月

鳥居直也

独学・過去問で効率的に突破する！　最新版「技術士試験」勉強法◉目次

3章 二次試験出願は小論文が勝負

4章　二次必須科目（問題Ⅰ）は「骨子法」で突破しよう

5章　二次選択科目（問題Ⅱ・Ⅲ）は求める資質に応じた答案を書き分けよう

6章 最後のハードル、二次口頭試験

7章 総監部門は「別物」の試験

装幀　齋藤　稔（G－RAM）
本文DTP　シナプス

1章

技術士試験の概要

1 技術士とは、どんな資格か？

技術士は、「技術士法」に定められた国家資格です。

技術士法は昭和32年に作られました。第1条に「この法律は、技術士等の資格を定め、その業務の適正を図り、もって科学技術の向上と国民経済の発展に資することを目的とする」とあるのですが、当時の日本は所得倍増計画のもと、科学技術立国・ものづくりの国として豊かな先進国になろうということが国策でした。

そのような状況下では技術開発や調査研究が活発に行われますが、もし技術力のない者が担当したり指導したりしてそういったことが進むと、とんでもない品質のものが生まれてしまうなど、科学技術立国として危うくなります。

そこで、国は国家試験により、高い能力を持った技術者に対して「技術士」を名乗る権利を与え、他の技術者とは区分しました。

こうすることで、「技術士を名乗る者は国が責任をもって選んだ高度な技術力を持った人たちだから、この人たちを信頼して任せたり指導を受けたりして、適正に業務を行ってくれ」ということができるようになったわけです。つまり、第1条の条文を逆から解釈すれば、「科学技術の向上と国民経済の発展のためには業務を適正化する必要があり、そのために技術士の資格を定めた」ということです。

このような法律の趣旨もあり、技術士は「**高度な技術力を持った技術者の称号**」となっています。これが技術士という資格の1つ目の特徴です。

技術士資格の2つ目の特徴として、「**名称独占資格である**」ということがあります。医療行為に対する医師資格や、弁護に対する弁護士資格は「その資格を持っていないと携わってはいけない仕事がある」資格で、こういった資格を「業務独占資格」といいます。これに対して技術士は、「技術士でないと携わってはいけない仕事」が法律で定められているわけではありませんが、「技術士以外は技術士を名乗ってはいけない」資格です。これを「名称独占資格」といいます。そのため、「〇〇技術士」といったようなまぎらわしい資格名称も用いてはいけないことになっています。

3つ目の特徴として、技術士は「**多種多様な専門にわたっている**」ということがあります。一般に資格というものは、「弁護士」「一級建築士」「社労士」など、その名称を聞けば何を専門とする資格なのかだいたいわかるのですが、技術士は機械、電気、化学、建設など数多くの専門分野の技術者が、同じ「技術士」の名称を名乗っています。

これでは「技術士」という資格名称を聞いただけでは何の専門なのかわからないため、技術士資格はその中に21の部門を設け、「技術士の名称を用いるときは部門まで明示しなければいけない」ということを技術士法の中で定めています（名称表示の場合の義務）。

つまり、技術士以外ではまったく別資格となっているくらい専門の異なるものが、「技術士」という同じ名称の下で「部門」という区分で分けられているのです。

さらに、「部門」の下には数多くの「科目」（正確には「選択科目」）があります。たとえば建設部門の中には、①土質及び基礎、②鋼構造及びコンクリート、③都市及び地方計画、④河川、砂防及び海岸・海洋、⑤港湾及び空港、⑥電力土木、⑦道路、⑧鉄道、⑨トンネル、⑩施工計画、施工設備及び積算、⑪建設環境の11科目があります。

そして技術士資格は、部門ごと、さらに科目ごとに付与されます。部門が21あり、さらにその下にいくつもの科目があるので、同じ「技術士」といっても、その資格が技術に関するものであるという点では共通ですが、その専門分野はまったく異なるのです。

それでは、こういった技術士資格を取得すると、どんなメリットがあるでしょうか。

まず、高度な技術力を持った技術者であることが周囲から認めてもらえます。専門分野によっては、ただそれだけのこともあるでしょう。単なる名誉・自己満足的なものにとどまることもあるかもしれません。

一方、実益に直結する分野もあります。その典型例が、建設分野（技術士の8割以上が携わる業界です）において、設計などを担当する「建設コンサルタント」です。この分野では、企業が国土交通大臣に建設コンサルタント登録しようとするとき、「技術管理者」という役職には技術士以外つくことができません。

また、「建設コンサルタント業務」の受注者になろうとするとき、この業務を管理する「管理技術者」という役割には、原則として技術士がつくことになっています。つまり、実質的な業務独占資格に近いのです。

このため、建設コンサルタントは技術士を1人でも多く所属させたいと考え、受験補助や合格報奨金、資格手当て等を支給して取得を促している会社が多くなっています。

「**医師を除く理系の最高峰資格**」ともいわれる技術士資格は、業種・専門分野によってその程度は異なるものの、貴重な資格であることには違いないと思います。

2 4段階で技術士になる

技術士試験は、自動車の運転免許のようなものです。教習所に通って運転免許を取ることを考えてみましょう。大部分の人は、左のような5段階のステップを踏んで、初めて自動車運転免許を手にすることができます。

①第一段階の教習経験を積む
②仮免許試験に合格して仮免許を取得する
③さらに第二段階の教習経験を積む
④本免許試験の実技試験に合格する
⑤本免許試験の学科試験に合格する

技術士試験もこれと同じです。①は必要ありませんが、②〜⑤に相当する4段階を踏んで初めて技術士資格を手に入れることができます。

①一次試験に合格するなどして修習技術者となる
②4年の実務経験を積む
③二次試験の筆記試験に合格する
④二次試験の口頭試験に合格する

このステップを図にすると、次ページ図のようになります。以下、4つのステップについて順に説明していきましょう。

①一次試験に合格するなどして修習技術者となる

まず修習技術者ですが、これは前述のように車の仮免許と同じで、「所定の経験年数を積めば二次試験を受けられますよ」というものです。修習技術者になる方法については次の項で述べます。

修習技術者は資格ではありませんので、実務上の何かができるというものではなく、名刺に書くようなものではありません。

ただし、日本技術士会に申請して所定の登録料を支払うと「技術士補」という国家資格を取得することができます。国家資格といいながら、これも実務上の何かができるという

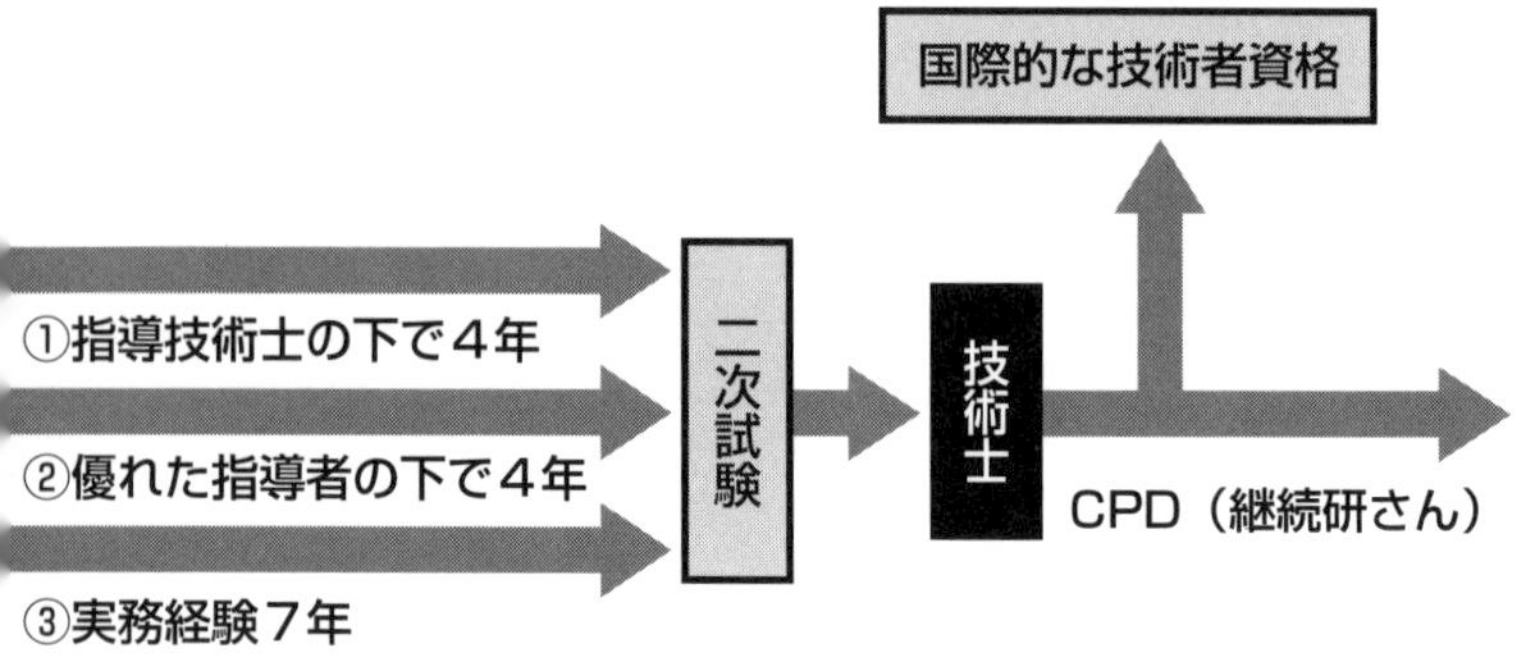

資格ではありませんが、会社によっては資格手当てを出してくれたりしますし、名刺に書いておくことで「私は技術士を目指しています」ということをPRすることができますから、もし登録料が惜しくなければ登録しておいたほうがいいかもしれません。

②４年の実務経験を積む

次に実務経験を積みます。これには３つの方法があります。

１つ目は、技術士補登録をして、指導技術士の下で４年の実務経験を積む方法です。

２つ目は、技術士補登録はせず、「優れた指導者」の下で４年の実務経験を積む方法です。１つ目と似ていますが、技術士補登録の手間や費用がかかりません。ただし、

技術士へのステップ

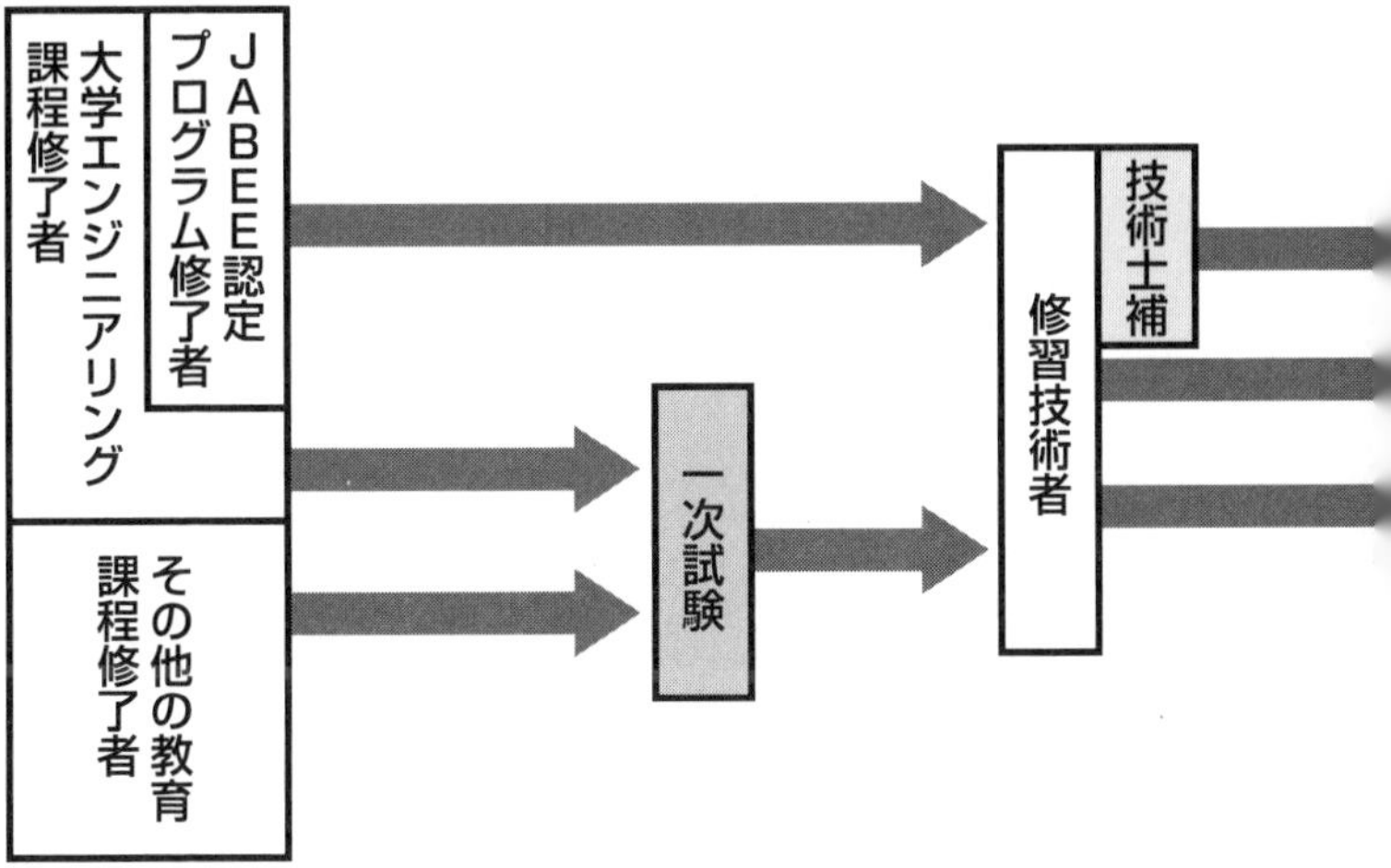

二次試験受験時に「監督内容証明書」などを作る必要があります。

3つ目は、7年以上の実務経験を積むことです。必要経験年数が長い代わりに、指導技術士も優れた指導者も不要になります。また、修習技術者になる前に遡って年数カウントができるので、実務経験がすでに4年以上ある人は、この方法が一番早く二次試験を受けられるようになります。

③二次試験の筆記試験に合格する

さて、所定の実務経験年数を積み上げたら、いよいよ運転免許でいう本免許試験に相当する二次試験が受験できます。

二次試験は筆記試験と口頭試験からなり、筆記試験に合格した人は口頭試験に進むことができます。そしてこれらをクリアすると晴れて技術士となります。

筆記試験は毎年7月中旬に実施されます。合格率は、部門によって異なりますが、平均的には20%弱です。これまで幾度かの試験制度や方式の変更がありましたが、この数字に大きな変動はなく、数ある資格の中でも難関の部類に入るでしょう。

④二次試験の口頭試験に合格する

そして口頭試験は、年末から翌年1月にかけて、筆記試験合格者のみを対象に行われます。合格率は8～9割程度で、かなり高いと思われるかもしれません。しかし、もし口頭試験で不合格になると翌年は筆記試験からやり直しとなってしまいますので、不合格率1～2割というプレッシャーが重くのしかかる試験です。

3 修習技術者になる方法

前項の図に示したように、修習技術者になる方法は2つあります。

1つは、**JABEE認定プログラムを修了していること**です。

JABEE認定とは、技術者資格の国際化のため「ワシントンアコード認定大学卒業生と同等の学業レベル」を保証するための制度で、大学など高等教育機関で実施されている技術者教育プログラムが社会の要求水準を満たしているかどうかを外部機関（日本技術者教育認定機構：JABEE　https://jabee.org/）が評価し、認定する制度です。

認定はプログラム（教育課程）単位で認定されますから、大学等あるいは学部等単位ではなく、学科あるいはさらに細かいコース単位で認定されます。

そして、このJABEE認定を受けた教育課程を修了し、修了認定が受けられると（大部分の大学等では卒業することと同義）、文部科学大臣から一次試験免除が認められ、修習技術者となります。認定プログラムは前記ホームページに掲載されていますので、ご確認ください。なお、卒業後に出身大学の当該学科が認定を受けた場合は、基本的に一次試験免除とならないので、注意が必要です。

もう1つの方法は、**一次試験を受験して、これに合格すること**です。

一次試験は基礎科目・専門科目・適性科目からなります。科目の内容や合格基準は2章で述べますが、合格率は20～60％と乱高下しています。平均すれば40％前後、そんなに楽な試験ではありません。

よく「JABEE認定プログラム修了者が一次試験を免除になるのは不公平だ」という声も聞かれますが、これは大学入試における「高認」に似ています。

大学入試を受験できるのは、高校を卒業している人です。正確にいうと、「高等学校教育課程を修了している」人です。では、それ以外の高校に行かなかったり中退したりした人は生涯、大学入試を受けられないのかというと、そうではありません。そのような人のためにあるのが高等学校卒業程度認定試験、通称「高認」（旧大学入学資格検定：大検）です。

この試験は、高校教育課程の内容を盛り込んだ試験で、いわば高校で行われる期末試験を全部ひとまとめにしたものと思っておけばいいでしょう。高卒の人が3年間×3学期＝9回の期末試験で少しずつクリアしてきた内容を一気にクリアしなければならないのですから、これは大変です。

この「大学入試」を「技術士二次試験」、「高校教育課程」を「ＪＡＢＥＥ認定プログラム」、「高認試験」を「一次試験」に置き換えると、まさに技術士試験の内容になります。

大学で４年かかって履修する内容が１日の試験に集約されて出題されるのですから、確かに難しい試験ではあります。しかし、ＪＡＢＥＥ認定プログラム修了者ではない方には、一次試験合格が技術士につながる唯一の道なので、あきらめずにがんばってください。

２章では、この一次試験を効率よく突破するためのアドバイスをさせていただきます。

4 二次試験の受験資格

一次試験に合格したか、JABEE認定プログラムを修了して一次試験を免除された方は、所定の経験年数を経ることで二次試験の受験資格を得ることができます。前にも触れましたが、これには3つの方法があります。

1つ目は、**技術士補登録をして指導技術士の下で4年の経験を積むこと**です。

技術士補登録は、修習技術者であれば誰でもできます。これには登録料がかかりますが、「技術士補」という資格が得られます。

技術士補登録に際しては、「指導技術士」が必要になります。これは技術士補登録する部門の技術士でなければなりませんので、部門によっては身近にはいないこともあるでしょう。しかし指導技術士は同じ会社等の人でなくてもかまいませんし、どうしても見つからないときは技術士会に相談すると紹介してくれることもあります。

技術士補登録後の実務経験内容については、二次試験受験時の業務経歴証明欄に指導技術士の証明印（私印）を受けます。

２つ目は、技術士補登録はせずに**「優れた指導者」の監督下で４年の経験を積むこと**です。「優れた指導者」は、７年程度の実務経験がある技術者であれば、特に技術士である必要などはありません。会社等の上司や先輩にお願いすればいいでしょう。

そして、これはちょっとややこしいのですが、まず「優れた指導者」になる人が、所属組織の長（会社社長など）に対して「監督者要件証明書」を発行してもらいます。社長に「この人は優れた指導者だ」と証明してもらうわけです。そのうえで、今度は「優れた指導者」があなたに対して「監督内容証明書」を発行します。

二次試験受験時の業務経歴証明欄には、この「優れた指導者」の証明印（私印）を受けます。

３つ目は、**７年以上の実務経験を積むこと**です。必要な経験年数が長くなる代わりに、指導技術士も優れた指導者も不要になります。さらにこの実務経験年数は、修習技術者になる前からでもカウントできます。

たとえば、実務経験５年を満了してから修習技術者になった人は、あと２年実務経験年数を上積みすれば二次試験が受けられるようになるのです。もちろん、すでに７年以上の経験を積んでいる人は、修習技術者になると同時に二次試験の受験資格を得られます。

二次試験受験時の業務経歴証明欄には、所属組織の長の証明（公印）をもらいます。

これらの3つの方法のどれを選ぶかは、

①二次試験をできるだけ早く受験できる方法であること

②二次試験受験に際して有利な方法であること

という視点で考えましょう。

所要経験年数は1つ目と2つ目は4年、3つ目は7年なのですが、3つ目は修習技術者になる前に遡ってカウントできます。ですから、修習技術者となった時点ですでに経験年数が4年以上ある人は、3つ目の方法が最短で二次試験が受験できるので、最適の方法となります。

二次試験受験に際して有利な方法というのは、**経歴が受験部門と整合しているほうがいい**ということです。

たとえば、環境部門で一次試験を突破し、二次試験は建設部門で受験するという受験コースを取る場合（2章で述べますが、一次試験は「突破しやすい部門」、二次試験は「資格が必要な部門」で受けることがおすすめなので、一次試験と二次試験で部門が異なることは特段珍しいことではありません）、環境部門で技術士補登録すると、環境部門の指導技術士の下で経験を積むことになりますから、当然環境部門に係る経験が主体になり、二次試験を建設部門で受験すると経歴上不利になります。

3つの方法のどれにするか、ご自分の実務経験年数や受験部門等をよく考えて選んでください。

5 次のステップは総監

前述したように、二次試験は筆記試験・口頭試験の2段階があり、合格率はざっと筆記1割強・口頭9割です。多くの人は筆記試験を何度目かのトライで突破し、口頭試験は緊張の中で、それでもなんとか一発合格という過程を経て、念願の技術士となります。

二次試験の最終合格発表は3月上旬です。合格通知が来てからすぐに手続きすると、4月には晴れて技術士となることができます。

技術士は、少なくとも現時点においては登録更新のない資格です。一度なってしまえば、よほどの不祥事を起こさない限り、生涯技術士でいられます。

しかし、多くの人が「次」、すなわち**さらなる資格の取得を目指します**。その動機は向上心であったり、自己研さんであったり、実用上の必要性であったりとさまざまですが、技術士取得までの勉強は、新たな知識見識の習得だけでなく、自分の持っているスキル・技術体系の整理と再確認にもなります。ぜひ、低いレベルで安住することなく、成長を続けていただきたいと思います。

技術士は21部門があり、さらにそれら部門の中には細かい科目がありますが、技術士資格は科目ごとに付与されますので、複数部門・科目の技術士を目指す人も少なくないのです。

なかでも、多くの人が技術士取得の次のステップとして目指すのが「総監」、つまり総合技術監理部門の取得です。

総監は技術士の21番目の部門ですが、他の20部門（総監に対比して「一般部門」と呼ばれることが多い。37ページ参照）とは本質的に違います。

一般部門で求められるのは専門技術力ですが、総監で求められるのは**管理技術力、つまりマネジメント力**です。

総監部門は、原則として一般部門の技術士を取得してから受験します。つまり、一般部門について技術士にふさわしい専門技術力があることを確認したうえで、その部門に関する管理技術力を確認して初めて、総監技術士になれます。

ですから総監の科目は、一般部門の「部門＋科目」に相当します。たとえば、建設部門の中に土質基礎科目とか建設環境科目がありますが、総監部門の中に「建設――土質基礎科目」や「建設――建設環境科目」があるというように、「一般部門の上に総監が乗っている」

のです。

このように、総監部門技術士は、「高度な専門技術力を有する技術者」（一般部門技術士）が、さらにマネジメント能力を身につけたものとして位置づけられており、そのため組織内での待遇、プロポーザル等での評価などの面で1ランク上の扱いをされるなど、「上級技術士」のような見方をされることがしばしばあります。

さらに受験資格も、一般部門プラス3年の経験年数が必要になります。すなわち、一般部門の「技術士補として指導技術士の下で4年」という受験資格は、総監部門では4年ではなく7年に、「優れた指導者の下で4年」も同じく7年になります。

そして、「経験年数7年」は10年になります。こういった点も「上級技術士」扱いされる理由の1つです。

総監は求められる資質がそもそも一般部門とは異なるため、発想の転換が必要であり、その点で苦労する受験生も多くいますが、組織管理や部下の教育指導などに携わる立場の人にとってはおおいに参考となる技術体系でもあります。

ぜひ、「技術士」の次は「総監」にチャレンジしてください。

6 国際資格への道

技術士は高度な技術力を保有している技術者に与えられる資格ですが、同様の資格は外国にもあります。たとえば、アメリカや韓国の「PE（プロフェッショナル・エンジニア）」、イギリスの「CE（チャータード・エンジニア）」などです（ちなみに日本の技術士の英語表記は「PEJp」です）。

これら各国の技術士資格には、**相互承認制度**があります。たとえば、日本の技術士法第31条の2には「技術士と同等以上の科学技術に関する外国の資格のうち文部科学省令で定めるものを有する者であって、我が国においていずれかの技術部門について我が国の法令に基づき技術士の業務を行うのに必要な相当の知識及び能力を有すると文部科学大臣が認めたものは、第4条第3項の規定にかかわらず、技術士となる資格を有する」とあります。

さらに「**国際相互承認資格**」があります。

「APECエンジニア」は、APECエンジニア相互承認プロジェクト加盟の15エコノミー（日本、オーストラリア、カナダ、中国香港、韓国、マレーシア、ニュージーランド、インドネシア、フィリピン、米国、タイ、シンガポール及びチャイニーズ・タイペイ、ロシア、ペルー）において技術者としての能力が同等と評価されます。

ＡＰＥＣエンジニア登録には、実質的に以下の要件を満たしていることが必要です。

①技術士であること
②7年以上の実務経験と、2年以上の責任ある立場での経験を有していること
③所定のCPD時間を有していること（新規登録時は過去2年で100CPD）

これらの詳細については日本技術士会のホームページ（http://www.engineer.or.jp/）で確認してください。

なお、ＡＰＥＣエンジニアの他には、「**IPEA国際エンジニア**」もあります。ＩＰＥＡ（国際エンジニア協定）に加盟しているエコノミーの技術者団体が一定の基準を満たす技術者を国際エンジニア登録簿に登録すると、技術者としての能力がＩＰＥＡ加盟エコノミー間において同等であるとみなされます。

2
章

一次試験はサクッと通過しよう

1 一次試験の内容

技術士第一次試験は例年、次のように実施されます。

(1) 受験資格

受験資格は特にありません。誰でも受験できます。

(2) 出願

6月に受験願書配布と出願受付が行われます。願書を郵送で取り寄せることもできますし、日本技術士会のホームページからダウンロードすることもできます。受験料は1万1000円です。

(3) 試験

従来は10月第2月曜日の体育の日に実施されてきたのですが、令和3年度からは11月最

一次試験の内容

科目および内容		試験時間	配点	合格基準
専門科目	当該技術部門に係る基礎知識及び専門知識を問う問題	10:30〜12:30（2時間）	2点×25問＝50点満点	50％以上（13点以上）
適性科目	技術士法第四章の規定の遵守に関する適性を問う問題	13:30〜14:30（1時間）	1点×15問＝15点満点	50％以上（8点以上）
基礎科目	科学技術全般にわたる基礎知識を問う問題	15:00〜16:00（1時間）	1点×15問＝15点満点	50％以上（8点以上）

終日曜日（令和3年度は28日、令和4年度は27日）になりました。

受験地は北海道、宮城、東京、神奈川、新潟、石川、愛知、大阪、広島、香川、福岡、沖縄で、上表に示すように午前中に適性科目と専門科目、午後に基礎科目が実施されます。

試験は択一問題（5択）で、答案用紙はすべてマークシートです。

（4）合格発表

従来は12月20日頃だったのですが、令和3年度以降は翌年2月になりました。

ネットで合格者の受験番号を公表するとともに、受験者には郵送で結果と成績が通知されます。

（5）試験科目

一次試験の試験科目は前ページ表に示す3科目、すなわち基礎科目・専門科目及び適性科目です。

基礎科目は、科学技術全般にわたる基礎知識を確認します。次の5分野から6問ずつ出題され、各分野3問を選択解答します。つまり全体では30問出題・15問選択解答です。

①設計・計画（設計理論、システム設計、品質管理等）
②情報・論理（アルゴリズム、情報ネットワーク等）
③解析（力学、電磁気学等）
④材料・化学・バイオ（材料特性、バイオテクノロジー等）
⑤環境・エネルギー・技術（環境、エネルギー、技術史等）

専門科目は、受験部門に関する基礎知識・専門知識を確認します。35問出題され、その中から25問を選択解答します。基礎科目のように分野に分かれてはいませんので、選択する25問は偏っていてもかまいません。

適性科目は「技術士法第四章の規定の遵守に関する適性を問う」とされています。これはつまり、技術者倫理及び技術士に関する法制度に関する知識を確認するものです。問題は15問あり、全問解答します。

(6) 合格基準

一次試験の合格基準は、基礎・専門・適性の各科目の得点がいずれも50%以上であることです。

平成24年度以前は、基礎・専門それぞれで最低ライン40%、かつ基礎+専門の合計得点で50%という二段構えの合格基準でしたが、平成25年度からは各々50%以上という合格基準に変更されました。

これに伴い、基礎あるいは専門を最低ラインで突破し、もう一方で多めに得点して不足分を補うという合格方法が取れなくなりましたから、学力に偏りがある人にとっては厳しい変更だと思います。

2 合格しやすい部門を選ぶ

一次試験は、二次試験の21部門から総合技術監理部門を除いた20部門（一般部門）のいずれかを選んで受験します（次ページ表参照）。

この中からどの部門を選ぶといいのでしょうか？　普通は「いずれ、この部門で技術士になりたい」と思う部門で受けますよね。それは自然な発想なのですが、二次試験の受験部門は、一次試験合格部門に関係なく選択できます。たとえば一次試験を電気電子部門で合格しておいて、二次試験を建設部門で受験することも可能なのです。

二次試験の受験部門に縛られずに選択できるのであれば、一次試験の受験部門は合格しやすい部門を受けることが最も効率的です。

もちろん、同一建設部門において一次試験で基礎的な知識を確認し、二次試験で応用力等を確認するのが、技術士法に定められた技術士の位置づけからみても、本来あるべき姿でしょう。しかし、一次試験に合格したからといっても、二次試験が受験できるという以外の何ができるわけではありません。また、技術士補登録したからといって、その資格を

一次試験の部門（二次試験の一般部門）

01	機械	11	衛生工学
02	船舶・海洋	12	農業
03	航空・宇宙	13	森林
04	電気電子	14	水産
05	化学	15	経営工学
06	繊維	16	情報工学
07	金属	17	応用理学
08	資源工学	18	生物工学
09	建設	19	環境
10	上下水道	20	原子力・放射線

使って何ができるというわけでもないのですから、社会に迷惑をかけることもありません。

一次試験は「二次試験への切符を手に入れるだけだ」と割り切って、**とにかく受かりやすい部門で、効率的にサクッと受かる**ことを考えましょう。

それでは、どの部門が合格しやすいのでしょうか？　通常は大学で専攻したとか、仕事や趣味の関係で得意分野であるとかいった部門ではないかと思いますが、もしそういった点での「得意分野」がない人は、**環境部門などが狙い目**です。この部門は出題範囲が比較的限られており、また、出題内容もさほどバリエーションに富まない（だいたい似たような問題が出題されている）ため、過去問題の流用も行われる一次試験では、比較的得点しやすい部門といえます。

3 基礎科目は分野と問題を絞って効率的に得点する

前述したように、基礎科目は科学技術全般の基礎知識を問います。問題レベルは理工系4年制大学の専門教育課程程度で、設計・計画、情報・論理、解析、材料・化学・バイオ、環境・エネルギー・技術の5分野から6問ずつ出題され、各分野3問ずつ、計30問中から15問を選択解答します。選択問題数を特定の分野に偏らせること（たとえば設計・計画から4問、解析からは2問それぞれ解答など）はできません。

試験は午後の最後で、試験時間は1時間です。1時間で15問ですから、**1問あたり4分**で解かなくてはならず、さらに各分野6問の中から3問を選ぶ時間も必要ですから、解答問題の選択にも解答にもあまり時間がかけられません。

出題傾向は、次のようなことがあげられます。

・大学で教えている内容が出題される

一次試験の位置づけが、ＪＡＢＥＥ認定プログラム修了者と同等の学力を有していることとの確認なので、大学（JABEE認定プログラム）で教えている内容に準じた出題がなされます。

・**単純丸暗記問題は少ない**

以前は単純丸暗記で対応できる問題が多かったのですが、平成17年度からは応用問題が増えました。基礎レベルではあっても、知識を使いこなす能力を重視しているということだと思います。

・**4～5割は過去問題の引用問題**

文科省の会議で「作問にあたっては5割程度までなら過去問題を引用してもいい」と決められたため、例年4～5割は過去問題の引用問題が出題されています。丸ごとそのまま引用してある場合もありますが、数字をちょっと変えたりして過去問題丸暗記では解けないようにしてあることも多くあります。

この基礎科目対策ですが、次のような方法をおすすめします。

①力を入れる分野を絞ってしまう

5分野のうち、誰でも得点しやすいのは設計・計画と環境・エネルギー・技術で、それに次いで情報・論理です。材料・化学・バイオや解析は、そういった方面が得意な人はいいですが、そういう人は少ないようです。

まずは過去問題を解いてみれば得意分野がわかると思いますので、自分で得点源にできそうな分野を3つくらい選んで、これを集中的に勉強して、あまり得点できそうにない分野は思い切って最初から捨ててしまってもいいでしょう。

②過去問題をしっかりと

文科省技術士分科会議事録や近年の出題実績から見て、今後も40～50％程度の過去問題引用出題が続くと予想されますが、そうすると全30問中12～15問が過去問題になり、合格ラインが8問正解ですから、過去問題だけで合格できることになります。

ただ過去問題を引用する場合、丸ごと引用は少なく、条件等が一部変えてあったり、類似問題（引用元の問題をベースにリメイクしてあり、新しい問題としての考え直しに近くなる）であったりすることが多いようです。

したがって、過去問題を正解と解説とセットでよく勉強しておく必要があると思います。つまり、過去問題を教材として、正解選択肢はなぜ正解なのか、誤った選択肢はなぜ誤っているのかをしっかり考え理解するようにしましょう。手間と時間はかかりますが、何を勉強したらいいのかよくわからない基礎科目で闇雲に勉強するよりは、はるかに効率がいいと思います。

③サービス文章題を優先する

基礎科目の問題は、主な問題タイプとして文章題と計算問題に分けられます。文章題と計算問題の区別は、正解選択肢がどうなっているかを見ればすぐにわかります。当然ながら文章題のほうが短時間で解けます。そして文章題はさらに常識感覚で解けるサービス文章題と知識がないと解けない問題に分けられます。

そこで、まず文章題を探しましょう。そして文章題の中からサービス文章題を探して、これを手早く解いていきましょう。

④セオリー計算問題で補う

サービス文章題だけで合格ラインに到達することはなかなか難しいので、サービス文章題の次に狙い目であるセオリー計算問題を解けるようにしておくことをおすすめします。

計算問題の中には、よく出題されるセオリー的な計算方法を知っていれば簡単に解ける問題が多くあるのです。知識を必要とする文章題は「知っているか知っていないか」だけの勝負ですから、考えても無駄です。しかしセオリー計算問題は、いくつかの簡単な計算方法を覚えていれば対応できます。

⑤あとは当てずっぽうでいい

サービス文章題とセオリー計算問題、そしてこれらも含む過去問題引用問題でおそらく合格基準は楽に突破できますので、あとは当てずっぽうでもかまいません。それでも正解率20％です。もちろん実際には問題文をちゃんと読んで考えて、少しでもそれらしい選択肢を選ぶと思いますから、まるっきり当てずっぽうでもないと思いますが。

実際の試験では、分野ごとに次のような手順で解答していくといいでしょう。

①設計・計画分野

得点源として最低2問、できれば3問正解したい分野です。

まずサービス文章題を探しましょう。文章題を選んでざっと読めば、すぐに判断できます。さらに過去問題引用問題であれば、正解率はぐっと上がります。ユニバーサルデザインや製造物責任、品質管理などが狙い目です。

サービス文章題だけでは3問に満たないでしょうから、次にセオリー計算問題を探しましょう。システム信頼性とネットワーク工程が頻出です。過去問題引用問題であればラッキーですが、数字などを変えてあることが多いので油断しないように。

②情報・論理分野

サービス文章題は2〜3年に1回程度しか出ませんが、あればラッキーです。インターネットのセキュリティ等に関する問題が出ることが多いようです。

ネットワーク工程あるいはその類似問題が出ることもあるので、出ればラッキーです。あとはベン図等にも注意しましょう。

③解析分野

基本的には捨ててもかまいませんが、数値解析の文章題と感覚で解ける問題（なぜか固有振動数の問題が多い）があればラッキーですから、一応探してみましょう。

④材料・化学・バイオ分野

1・2問目は化学、5・6問目はバイオの問題で、これは得意な人以外は捨ててもかまいません。

狙い目は3・4問目の材料です。特に金属の問題が頻出していますので、過去問題でよく勉強しておいてください。自由電子がもたらす光沢性や導電性、展性といった性質を理解しておくといいでしょう。

⑤環境・エネルギー・技術分野

1・2問目が環境、3・4問目がエネルギー、5・6問目が技術史や倫理・知財などについて出題されます。サービス文章題が出やすいのは環境、次にエネルギーです。

環境分野は、地球温暖化関連と法令などがよく出されています。比較的過去問題の流用が多いので、3~5年前の過去問題で、まだ流用されていないものをしっかりやっておくといいかなと思います。

エネルギー分野は石炭・石油・天然ガス・原子力といったエネルギー資源に関する出題が多いのですが、再生可能エネルギーやメタンハイドレートのような新エネルギーなどについてもかじっておくといいでしょう。

4 各分野のセオリー計算問題の攻略法

それでは、各分野のセオリー計算問題について解説していきます。設計・計画分野ではシステム信頼性、オペレーションズ・リサーチ、ネットワーク工程の3つ、情報・論理分野では2進数とベン図の2つ、合計5つだけです。

①システム信頼度解析

ほぼ毎年出題されています。この問題は、次のことさえ覚えていれば簡単に解けます。しっかり得点源にしましょう。

- 直列システムの信頼度＝aの信頼度×bの信頼度×……
- 並列システムの信頼度＝1−（1−aの信頼度）×（1−bの信頼度）×……
- 直列より並列のほうが信頼度は高くなる
- 直列はサブシステムが増えるほど信頼度が低下し、並列はサブシステムが増えるほど信頼度が高くなる

②オペレーションズ・リサーチ

見込み便益最大化、線形計画、待ち行列などがありますが、近年は見込み便益最大化に関する問題がよく出されています。

よって、試験対策としては、見込み便益最大化と線形計画について解き方を覚えてください。見込み便益最大化は表の中や問題文中にあげられている数値をかけ合わせていくだけですし、何に何をかけて比べるかも感覚的にわかるものが大部分ですので、得点源にできます。線形計画は連立方程式を使えれば簡単です。

③ネットワーク法

工程管理をするとき、通常使われるのが横棒グラフ形式のガントチャートです。次ページ表では、製品製造過程における各作業の前後関係や所要日数が簡潔に示されています。

しかし、たとえば部品ａと部品ｃが同じ工作機械を使うため、部品ａの製造が終わらないと部品ｃの製造が開始できないとか、部品ａが中間製品Ｂにも使われるとか、相互の関連がさらに複雑になってくると、ガントチャートでの管理は混乱が予想されます。

そこで使われるのが、「ネットワーク工程表（アローダイヤグラム）」です。ガントチャ

ガントチャートの例

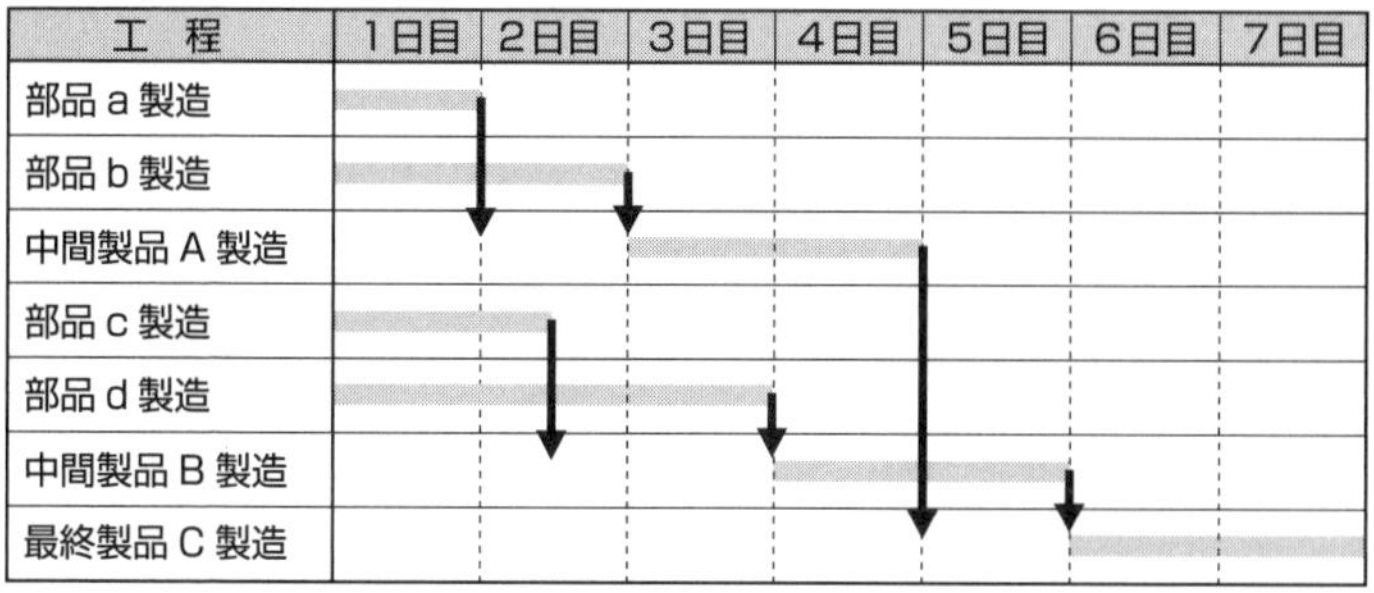

アローダイヤグラムの例

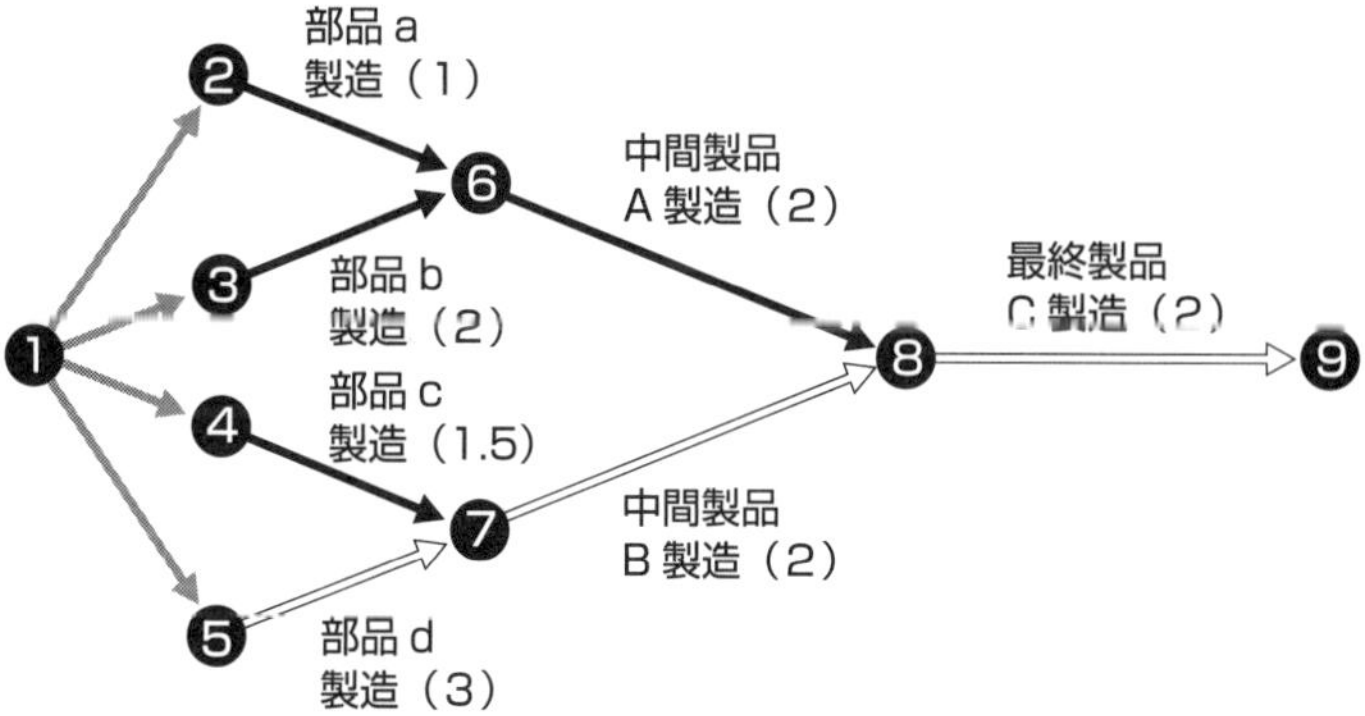

ートの工程をアローダイヤグラムで表わしてみましょう。

各作業は矢印で表わされ、その着手時点・完了時点が●、各作業の所要日数は（　）内数値です。

今、❶で一斉に作業をスタートします。❶から❷〜❺まではタイムラグはないのでダミー線を引きます。

以後、どの作業とどの作業がどの次工程に引き継がれていくのかが視覚的に示されています。

さて、この製品製造には最低何日かかるでしょう？

答えは7日です。❶→❺→❼→❽→❾という経路が一番時間を要するので、この所要時間が全体の期間を決定します。この経路は、逆に言えば各作業の余裕がまったくありません。部品ｄの製造・中間製品Ｂの製造・最終製品Ｃの製造のうち、どれかの作業が予定より遅れれば、それは全体工期の遅れに直結します。

このような、全体工程の中での余裕（トータルフロート）がゼロである経路を「クリティカルパス（ＣＰ）」といいます（図の白い矢印の経路）。

ＣＰ上の作業は、たとえば作業員の割り振りや機械の調整その他のために、部品ａの製造を１日遅らせても後工程には影響はないことがわかります。さらにもう１日遅らせても、全体工程には影響なくコスト削減や整備などの対処ができます。

そのため、資金や人員などの生産資源は、ＣＰ上の作業に優先的に投入すべきであることがわかります。実際には工程短縮にどの程度のコストを要し、それがどの程度の便益を生むかを検討しながら進めます。

以上のような手法が「ＰＥＲＴ／ＣＰＭ」と呼ばれるもので、プロジェクト最適化のための代表的な工程管理手法です。

④２進数

不得意な人にはちょっと太刀打ちできないと思いますが、10進数と2進数の換算に関する問題が比較的頻繁に出題されますから、これだけでもできるようにしておくといいでしょう。

・10進数から2進数への換算（大きい数値の場合）

２のべき乗（2^1＝２、2^2＝４、2^3＝８、2^4＝16、2^5＝32、2^6＝64、2^7＝１２８、2^8＝２５６、2^9＝５１２、2^{10}＝１０２４）の組み合わせに分解します。

たとえば10進数の２８３を２進数換算してみましょう。

２８３より小さい範囲で最大の２のべき乗は2^8＝２５６です。そして２８３－２５６＝27です。つまり２８３＝2^8＋27となります。

次に、余りの27より小さい範囲で最大の２のべき乗は2^4＝16です。そして27＝16＋11です。つまり２８３＝2^8＋2^4＋11となります。

次に、11について見てみると、11＝８＋３＝８＋２＋１＝2^3＋2^1＋１となりますから、２８３＝2^8＋2^4＋2^3＋2^1＋１となります。つまり、2^8、2^4、2^3、2^1、2^0（１）の桁にそれ

2^8	2^7	2^6	2^5	2^4	2^3	2^2	2^1	2^0
1	0	0	0	1	1	0	1	1

それ1が入っていることになり、上表のように考えてもらえばいいと思います。そして各桁の数値（1か0）を並べた、「100011011」が答えになります。

・10進数から2進数への換算（小さい数値の場合）

今度は「0・264」のような小数値について見てみます。今度も基本的な考え方は変わらず、2のべき乗の組み合わせに分解します。ただし、今度は乗数がマイナスになります。

2^{-1}＝1／2^1＝1／2＝0・5、2^{-2}＝1／2^2＝1／4＝0・25、2^{-3}＝1／2^3＝1／8＝0・125、2^{-4}＝1／2^4＝1／16＝0・0625……と1／2ずつ小さくなっていきます。

たとえば、10進数の0・264を2進数換算してみましょう。

まず、2^{-2}＝0・25が含まれます。0・264－0・25＝0・014となります。2^{-6}≒0・156はギリギリ入らず、2^{-7}≒0・008、さらに2^{-8}≒0・004が含まれますから、おおむね2^{-2}＋2^{-7}＋2^{-8}程度となります。

2進数で2^{-1}は0・1、2^{-2}は0・01、2^{-3}は0・001……ですから、2^{-2}＋2^{-7}＋2^{-8}は「0・0100000011」となります。

⑤ベン図

たとえば、A：釣りが好きな人、B：ドライブが好きな人、C：マージャンが好きな人がいるとします。中には「釣りもドライブも好き」という人がいるでしょう。こういう人をABとしましょう。同じように「ドライブもマージャンも好き」という人はBCですし、「釣りもマージャンも好き」な人はACです。また、「釣りもドライブもマージャンも全部好き」という人もいるでしょう。こういう人はABCとしましょう。

これらの関係を図にしてみると上図のようになります。これを「ベン図」といい、A、B、Cの各要素とその重なりの関係を視覚的に理解することができます。

ベン図

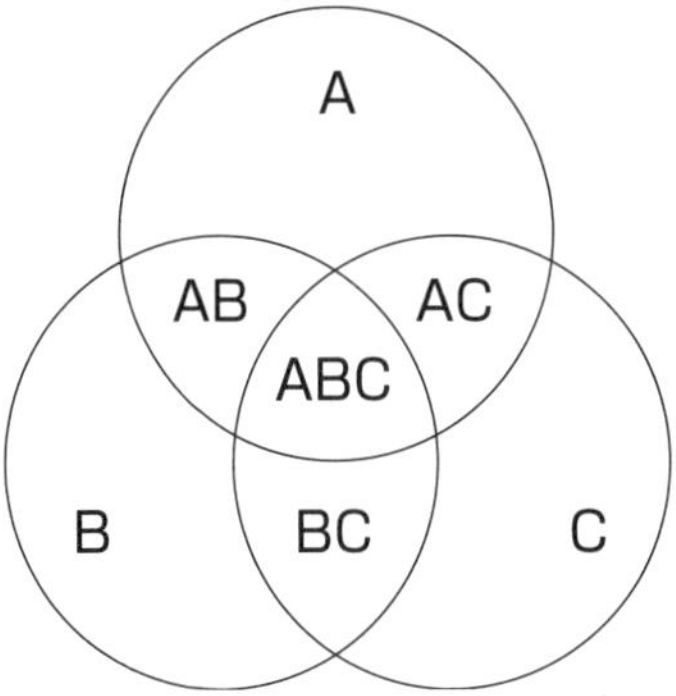

過去の出題例は、いずれも3つの該当条件を示し、「Aはいくつ、Bはいくつ、BCはいくつ……さて、ACはいくつか」といった類のものが出ています。

こういう問題が出た場合は、とにかくベン図を描いて整理しましょう。頭の中で「Aが何人、Bが何人、ABが何人……」とやっていても混乱す

択一セオリー

- 相反する選択肢の中に正解があることが多い
- 用語説明や職名、類似物併記の中に誤りが多い
- 無責任な書き方、言い訳、断定・限定、仲間はずれは誤りであることが多い
- 数値が入っている選択肢が怪しい
- 最も当たり障りのないもの、誠実なものは正しいことが多い

るだけです。

前項より基礎科目対策について述べてきましたが、

①サービス文章題を探して、それを解く
②サービス計算問題を探して、それを解く
③セオリー計算問題を解く
④それ以外の問題は択一セオリーを使って、あるいは当てずっぽうで解く

という優先順位で解いていくようにしつつ、過去問題でトレーニングを積むことによって、過去問題流用問題を素早く探して効率的に解けるようにしましょう。

5 専門科目は過去問題と大学教科書で勉強

専門科目は受験部門の基礎知識を問います。問題レベルは理工系4年制大学の専門教育課程程度で、35問が出題され、その中から25問を選択解答します。

試験は朝一番で、試験時間は2時間です。2時間で25問ですから、**1問あたり5分弱**かけられますので、基礎科目に比べれば解答問題の選択にも解答にも少し余裕があります。

出題傾向は以下のような特徴があります。

・大学で教えていないことは出題されない

基礎科目と同様に、「JABEE認定プログラム修了者と同等の学力確認」という一次試験の性格上、専門科目問題は大学の専門課程テキストに書いてある内容からの出題が基本になります。例外もありますが、「大学で教えていないことは出ない」のが基本です。

つまり、大学の専門課程全教科から数問ずつ選ばれた「全教科期末試験」だとイメージすればいいでしょう。

・大学で教えている内容に合わせて問題配分される

専門科目は、受験部門内のさまざまな分野（二次試験の選択科目に相当します）から均等に出題されるわけではありません。建設部門を例に取ると、土質基礎～建設環境の11科目に分かれています。かつてはこの11科目相当分野から、均等に出題がなされてきましたが、平成17年度以降は11分野には配慮するものの、大学教科書の記載内容に合わせたウェイトで、偏りのある出題がなされています。

具体的には、土質基礎（特に土質工学）、鋼構造コンクリート（特に構造力学・橋）、河川砂防（特に河川）で各5問～7問・計16問～18問、つまり全体の半分が出題され、その後、道路、都市計画、建設環境が2問～4問で続き、他は1問～2問ずつという出題ウェイトが続いていました。

近年は土質基礎・鋼コン・河川砂防からの重点的出題がいっそう顕著になっており、3分野で20問程度すなわち全体の60％近くを占めるようになっています（次ページ参照）。

また、58～59ページには環境部門の出題傾向も示したので参考にしてください。

一次試験建設部門の出題傾向

選択科目	2020(R02)		2021(R03)		2022(R04)		2023(R05)	
土質基礎	4	土質2 土圧1 地下水1	4	土質4	4	土質3 土圧1	4	土質3 土圧1
鋼コン	8	構造力学2 溶接1 鋼橋1 道路橋1 コン3	8	構造力学3 鋼材2 コン3	8	構造力学2 鋼材1 道路橋2 コン3	8	構造力学2 鋼材1 道路橋2 コン3
都市計画	4	都計2 都市交通1 国土計画1	4	都計2 都市交通1 国土計画1	4	都計2 都市交通1 国土計画1	4	都計3 都市交通1
河川砂防	9	水理4 河川2 砂防1 海岸2	9	水理4 河川2 砂防1 海岸2	9	水理3 河川3 砂防1 海岸2	9	水理3 河川3 砂防1 海岸2
港湾空港	1	空港1	1	港湾1	1	港湾1	1	港湾1
電力土木	2	水力発電1 発電全体1	2	水力発電1 再生エネ1	2	水力発電1 火力発電1	2	水力発電1 再生エネ1
道　路	1	道路設計1	1	舗装1	1	道路設計1	1	舗装1
鉄　道	1	軌道1	1	軌道1	1	軌道1	1	軌道1
トンネル	1	シールド1	1	山岳1	1	山岳1	1	山岳1
施工計画	2	施工計画1 施工管理1	2	施工計画1 施工管理1	2	施工計画1 施工管理1	2	施工計画1 施工管理1
建設環境	2	アセス1 建設環境1	2	建設環境2	2	建設環境2	2	建設環境2

・**総括的な問題ではなくピックアップ問題が出る**

出題内容は、「出題分野の総括的な問題」というより、「出題分野の中から適当にピックアップした問題」といったほうがいい内容で、たとえば建設部門の港湾からの出題であれば、港湾計画、港湾構造物その他さまざまな分野があるのですが、そのうちごく一部である防波堤に関して出題されるといったような感じです。このため、得意分野によって当たり外れがあります。

以上のような出題傾向から、専門科目対策は次のようにすると有効だと思います。

①得意・不得意分野を分類する

35問中25問選択ということは、10問捨てられます。すなわち、捨ててもよい分野もできることになります(基礎科目のような「各分野から3問ずつ解答」といった条件はつかない)。自分の得意分野・不得意分野をはっきり把握して、不得意分野はスキップして解答していき、選択できる問題数が不足するときに初めて取り組むといったような対策を講じましょう。とにかく一度、過去問題（ただし平成17年度以降）を解いてみて、

・**得意**　**(自信をもって答えられるのが7割以上)**

一次試験環境部門の出題傾向

出題分野	2020(R02)	2021(R03)	2022(R04)	2023(R05)
濃度分析	化学分析方法	アルカリ塩素法	ガスクロ	化学分析方法
	化学調査手引き	分析装置	質量分析	固相抽出法
	PM2.5分析	PM2.5分析	PM2.5分析	ICP発光分析法
	ダイオキシン	PFOS、PFOA	大気測定方法	PFOS、PFOA
	液クロ	液クロ	大腸菌測定法	クロマトグラフィー
	水質試料採取		水銀測定法	液クロ
	水質分析法		水質分析法	水質分析法
	分析精度管理		分析精度管理	常時監視
大気汚染	大気汚染防止法	汚染物質測定法	大気汚染環境基準	
	大気汚染		アスベスト	
	PM2.5			
	黄砂			
水質汚濁			浄化槽法	地下水水質
	水質環境基準	水質環境基準	BOD除去	瀬戸内海特措法
			湖沼水質特措法	湖沼水質特措法
	振動測定苦情		振動レベル計	振動測定
	騒音環境基準	低周波音評価	騒音測定	騒音測定
悪　臭		悪臭測定法等		悪臭測定法等
地下水・土壌汚染	土壌ガス採取方法	底質調査法		特定有害物質
	汚泥体積計算			
循環型社会	POP s	物質フロー指標		
	ごみ処理現状	ごみ処理現状	一廃処理法	一廃処理状況
	産廃処理状況	産廃処理状況	産廃処理状況	産廃処理状況
	浄化槽	海洋プラスチック	プラスチック利用	紙おむつ再生
		プラスチックごみ	プラスチックごみ	CN資源循環産業
		産廃金属検定法		
地球温暖化	GHG排出状況	温暖化現状	CO_2濃度増加率	
		IPCC報告書	温室効果ガス	温室効果ガス
		脱炭素用語		
		気候変動状況		地球環境保全条約

出題分野	2020(R02)	2021(R03)	2022(R04)	2023(R05)
酸性雨等			酸性雨	酸性雨
自然環境	自然公園指定拡張	自然公園指定地域	国立公園	自然公園指定地域
	都市緑地	自然環境保全地域	ラムサール条約	国際的取組
	自然公園制度	自然公園制度	自然公園法改正	自然環境保全再生
				自然環境調査
生態系等	野生生物状況	種の保存法	GB05	30by30目標
	ニホンジカ	日本の植生分布	生物調査法	植生自然度
	自然再生基本方針	水田レッドリスト	鳥類ラインセンサス	海洋生態系
	気候変動と生態系	生物の保全	レッドリスト	生態系条約
	生態系ネットワーク	都市的環境生態	気候変動適応計画	
	水辺生息生育環境	外来生物対策	外来生物対策	外来生物対策
	生態系の評価	生態系活用防災	生態系人為負荷	生態系活用防災
	生態系サービス	生態系サービス	緑化植物	水辺の生き物
その他		環境用語	キーストーン種	
		化学物質調査	アセス法	
	環境アセスメント	環境アセスメント	世界遺産	環境アセスメント

- **やや得意　（自信をもって答えられるのが5割以上）**
- **やや不得意　（自信をもって答えられるのが5割以下）**
- **不得意　（自信をもって答えられるのが3割以下）**

というように分類し、3分野程度を上限に不得意分野を捨て、やや得意分野を得意分野に、やや不得意分野をやや得意分野に昇格させることに力点を置いて、勉強を進めてください。

②大学のテキストで勉強する

できるだけ大学のテキストを入手しましょう。ほとんどの場合は市販本なので書店やネットで購入できます。大学独自のテキストなどは大学の売店で購入できます。

仕事に使うような指針基準書の類でもいいのですが、まずもって出題されないもの（大学で教えないこと）と、必ず出題されるようなこと（大学のテキストで基本的事項として教えていること）が混在し、効率の悪い勉強をすることになるかもしれません。

このうち「得意・不得意分野に分けて補強的に勉強する」ことはけっこう誰でもやっているのですが、「大学のテキストで勉強する」ことを実行している人は少ないでしょう。それで合格できるのであれば問題ありませんが、過去問題をやってみて非常に成績が悪い（4割も正解できない）とか、2年以上連続して不合格で、専門科目の成績が伸びないのが元凶だとかいう人は、この大学のテキストでの学習をぜひ試みてください。

35問から25問選べて、かつ14問正解すればいい（たとえ基礎科目が最低ラインの6点でも合格ラインに到達）わけですから、受験部門に相当する大学専門課程の教科ごとの期末試験で60点程度取れる状態であれば、専門科目で50％正解するのは難しいことではありません。

③過去問題でトレーニングする

過去問題は、問題の質（難易度や言い回しなど）がある程度一定していますのでトレーニング材料としては最適です。また同時に過去問題流用出題が数問あると思われるので、過去5年程度の問題は一通りやっておくことをおすすめします。

その場合、単に正解を知るだけではなく、1つひとつの選択肢について、「これはなぜ正しい選択肢なのか、これはなぜ誤った選択肢なのか」をしっかり調べて理解することが大事です。そうすることで応用がきくようになり、「過去問題のどこかを少し変えた出題」にすばやく対応できるようになります。

6 適性科目は1回だけ解いてみよう

適性科目は、技術者倫理と技術士に係る法制度といった、「社会の中での技術士の立ち位置と振る舞い」に関する適性を確認する科目です。

法制度は技術士法に関する知識が中心ですが、技術士法からの出題は限られており、大部分は技術者倫理に関して出題されます。朝一番の科目で試験時間は1時間、15問全問解答で、**8問以上正解が合格ライン**です。

以前は「8問以上正解できないことはほとんどないといってよいでしょう。深読みしすぎ、あるいはとんでもなく倫理に関する考え方が偏っている人でなければ、8問は楽に正解できます」と申し上げていたのですが、**近年は難易度が顕著に上がっています。**

近年の問題傾向は、

- 感覚的に解ける問題がぐっと減り、知識を要する問題が増えた
- 倫理に関する問題だけでなく、マネジメントや法・規格に関する問題が増えた

・問題の対象となる法令や倫理等について、以前は全体として正しく認識していれば正解が導けたのが、細部にわたる正確な知識を要する傾向が出てきた

といったことがあげられます。

以上のような出題傾向も踏まえた適性科目対策ですが、適性科目の問題は、

①感覚問題（感覚的に解くのが妥当な問題）
②知識問題（技術者倫理に関する知識が必要な問題）

の2種類があります。さらに知識問題にも、感覚的にそれが正しいか間違っているかがわかるものが多くあります。

したがって、知識問題の比率が増えた近年も、多くの人が（大部分の人といっていい割合で）8点以上取れています。8点未満となる人は、感覚がちょっとズレており、さらに倫理や法に関する知識も不足していると思われます。

そのことを確認するために、一度過去問題を解いてみましょう。問題は、平成17年度以降であることが必須条件で、できるだけ最近5年以内のものがいいでしょう。

これで15問中11問以上正解できた人は、もう勉強しなくてもまず大丈夫です。問題は正解が10問以下だった人です。こういう人は問題との相性が悪いと正解が8問を下回ってしまう可能性がなくはありません。

おそらく前述のように感覚がズレているのだと思いますが、それではその「感覚」を入れ替えればいいのかというと、これはまさに「感覚」なので、なかなか難しいと思います。そういう人は、後述する頻出分野について勉強しておくことで、感覚問題で十分得点できない分を知識問題でカバーして、8点越えができるようにしましょう。

ともかく、万が一にも適性科目で不合格になってしまわないようにしてください。

それでは、以下に頻出問題についてざっと解説しておきましょう。

①技術士制度

技術士法の中核部分ともいえるのが、第44条から47条にかけて、技術士の義務と責務を示した部分で、「三義務二責務」といわれています（次ページ参照）。文科大臣は規定違反と思料されるときは職権をもって調査することができます（法第37条）。その上で違反が明確になれば、登録の取り消しまたは2年以内の名称使用停止を命ずることができます（法第36条）。

技術士法第４章　技術士等の義務（技術士等とは、技術士及び技術士補を指す。）

（信用失墜行為の禁止）
第44条　技術士又は技術士補は、技術士若しくは技術士補の信用を傷つけ、又は技術士及び技術士補全体の不名誉となるような行為をしてはならない。

（技術士等の秘密保持義務）
第45条　技術士又は技術士補は、正当の理由がなく、その業務に関して知り得た秘密を漏らし、又は盗用してはならない。技術士又は技術士補でなくなった後においても、同様とする。

（技術士等の公益確保の責務）
第45条の２　技術士又は技術士補は、その業務を行うにあたっては、公共の安全、環境の保全その他の公益を害することのないように努めなければならない。

（技術士の名称表示の場合の義務）
第46条　技術士は、その業務に関して技術士の名称を表示するときは、その登録を受けた技術部門を明示してするものとし、登録を受けていない技術部門を表示してはならない。

（技術士補の業務の制限等）
第47条　技術士補は、第２条第１項に規定する業務について技術士を補助する場合を除くほか、技術士補の名称を表示して当該業務を行ってはならない。
２　前条の規定は、技術士補がその補助する技術士の業務に関してする技術士補の名称の表示について準用する。

（技術士の資質向上の責務）
第47条の２　技術士は、常に、その業務に関して有する知識及び技能の水準を向上させ、その他その資質の向上を図るよう努めなければならない。

②公衆及びインフォームドコンセント

専門家は、情報が得られれば専門知識によってそれを解釈し、主体的に判断を下すことができます。しかし、専門家でない人は情報あるいは知識がないため、主体的に判断を下すことができません。技術者倫理では、このような状態に置かれた人たちを「公衆」といいます。

ここで大事なのは、「専門知識がないため主体的判断が下せない」というだけでなく、「情報がないため主体的判断が下せない」状態も含めているということです。

そして、情報や知識を得たうえでの主体的判断を「インフォームドコンセント」といいます。なお、これに対して「パターナリズム」という考え方があります。

たとえば、ガン告知をする医者を考えてみましょう。かつては「大丈夫、あなたは胃潰瘍です」などと真実と違うことを伝えて正しい情報は与えずにおいて、できるだけの処置を施すことが行われました。これがパターナリズムで、相手にとってよいことを、あたかも親であるかのように他者が判断することをいいます。すなわち、当事者には判断を委ねません。

これに対して、最近はガン告知をしたうえで、さまざまな治療法の得失についてしっかりと説明し、最終的には当事者に選んでもらうという、十分な情報を与えたうえで当事者の判断に委ねることがなされています。これがインフォームドコンセントです。

当事者がインフォームドコンセントを与えるためには、情報と理解が必要です。これが不十分である（情報が不足している、あるいは理解できないなど）ことにより、主体的判断ができず、ゆえにインフォームドコンセントを与えることができない状態に置かれた人・人々を「公衆」というわけです。文献などではインフォームドコンセントを「よく知らされたうえでの同意」と表現しているものもあります。

③内部告発・公益通報者保護法

内部告発（少し定義は異なりますが、警笛鳴らし、ホイッスル・ブローイングとして取り扱われることもあります）に関する知識としては、ディジョージの内部告発条件、公益通報者保護法を押さえてください。

・ディジョージの内部告発5つの条件

次のａ～ｃが満たされれば内部告発は道徳的に許されます（内部告発してもよい）。

（ａ）一般大衆に深刻かつ相当被害が及ぶか？

（ｂ）上司へは報告したか？

（c）内部的に可能な手段を試みつくしたか？
（d）自分が正しいことの、合理的で公平な証拠はあるか？
（e）成功する可能性は個人が負うリスクと危険に見合うものか？

・公益通報者保護法

公益通報をした労働者を保護するために制定された法律です。通報者に対する解雇や派遣契約の解除は無効となり、降格や減給といった不利益な取扱いも禁止されます。

次にあげる一定の要件を満たした「公益通報」のみが保護の対象になります。

（a）通報者が労働者であること
（b）不正の目的でないこと
（c）通報対象事実は、法律で処罰対象とされているものであること
（d）通報先は、労務提供先もしくは監督官庁のいずれかが原則

注意すべき点は、通報できる者・通報できる事実・通報先が限定されていることで、勤務先と監督官庁以外の同業者とかマスコミなどへの通報はかなり制限されています。

3章

二次試験出願は小論文が勝負

1 出願書類作成は口頭試験対策

1章4項「二次試験の受験資格」で述べたような3つの方法のいずれかをクリアすると、いよいよ本番、二次試験の受験になります。

二次試験のスケジュールは次ページ表の通りです。4月出願、7月筆記試験、11月〜翌年1月口頭試験、3月合否発表と、1年がかりのロングラン試験です。

合格率は筆記試験が20％前後、口頭試験が80〜90％台です。数字だけ見れば、筆記試験が最大の難関で、これをパスすれば文字通り「8割がた大丈夫」な試験です。

実際のところ、筆記試験は確かに難関ですので、なかなか合格できません。何年も継続して挑戦している人も少なくありません。それだけに筆記試験に合格したときの喜びはひとしおなのですが、喜ぶ間もなく口頭試験の重圧がのしかかってきます。合格率8〜9割ということは、10人中不合格になるのは1〜2人しかいないということですが、「自分がその1人か2人になったらどうしよう」という不安は想像以上に大きいものです。

技術士二次試験のスケジュール

<table>
<tr><td>願書配布</td><td colspan="6">４月初め～出願期間いっぱい。郵送もしくは技術士会ホームページから書式ダウンロード</td></tr>
<tr><td>出願期間</td><td colspan="6">４月初旬～４月中旬。窓口・郵送出願のみ受付（土・日・祝日を除く）</td></tr>
<tr><td>試験日</td><td colspan="6">７月中旬の海の日を含む連休２日間で、１日目が総監部門、２日目が総監以外部門</td></tr>
<tr><td>筆記発表</td><td colspan="6">10月末～11月上旬頃。文科省と技術士会のホームページで受験番号公表、合否通知郵送</td></tr>
<tr><td>口頭試験</td><td colspan="6">12月初旬～翌年１月中旬頃のうちの１日（筆記合格通知とともに通知）</td></tr>
<tr><td>合格発表</td><td colspan="6">翌年３月初旬。文科省と技術士会のホームページで受験番号公表、官報にて受験番号と氏名公示、合格通知郵送</td></tr>
<tr><td>試験地</td><td colspan="6">筆記：北海道、宮城、東京、神奈川、新潟、石川、愛知、大阪、広島、香川、福岡、沖縄
口頭：東京（従来渋谷のフォーラム８だったが、2021年度以降はＴＫＰカンファレンスセンター）</td></tr>
<tr><td rowspan="5">試験内容・合格基準（※１）</td><td colspan="3">科目及び内容</td><td>試験時間</td><td>配点</td><td>合格基準</td></tr>
<tr><td rowspan="3">筆記試験</td><td>必須科目</td><td>問題Ⅰ
技術部門全般にわたる専門知識、応用能力、問題解決能力及び課題遂行能力（600字詰め答案用紙３枚以内）</td><td>２時間</td><td>40点</td><td>6割以上</td></tr>
<tr><td rowspan="2">選択科目</td><td>問題Ⅱ
選択科目についての専門知識及び応用能力（600字詰め答案用紙３枚以内）</td><td rowspan="2">３時間30分（※2）</td><td>30点</td><td rowspan="2">合計6割以上</td></tr>
<tr><td>問題Ⅲ
選択科目についての問題解決能力及び課題遂行能力（600字詰め答案用紙３枚以内）</td><td>30点</td></tr>
<tr><td colspan="2">口頭試験（※3）</td><td>Ⅰ技術士としての実務能力
①コミュニケーション、リーダーシップ
②評価、マネジメント
Ⅱ技術士としての適格性
③技術者倫理
④継続研さん</td><td>20～30分</td><td>30点
30点
20点
20点</td><td>各6割以上</td></tr>
<tr><td>受験料</td><td colspan="6">14,000円</td></tr>
</table>

※１：試験内容は総監以外部門。総監部門は７章を参照
※２：選択科目は問題Ⅱ・Ⅲの問題・答案用紙をまとめて配布・解答
※３：口頭試験時間は原則 20 分、最大 10 分程度延長

とはいっても、筆記試験に合格して初めて口頭試験に進むため、筆記試験に合格できてから考えたらいいや……と思っている人が多いことでしょう。ところが、**口頭試験への備えの半分以上は出願時が勝負**なのです。

実は、出願書類の中の「実務経験証明書」(業務経歴及びその中の1行の内容について詳述した業務内容の詳細(本書では簡単に「小論文」と呼びます)が、口頭試験での合否を大きく左右するのです。

というのは、口頭試験の実施内容が、「筆記試験における記述式問題の答案及び業務経歴を踏まえ実施する」とされているのです。

したがって、出願書類、特に実務経験証明書をいいかげんに作ってしまうと、口頭試験の段階になって後悔することになります。せっかく合格率2割の筆記試験の狭き門を突破したのに、試験スタート段階の4月にいいかげんに作った実務経験証明書に足を引っ張られて口頭試験が不合格となったら、せっかくの筆記試験合格がパーになってしまい、翌年はまた筆記試験から受け直さなくてはなりません。そんなことだけは避けましょう。

出願書類は単なる受験申込書類ではありません。**実務経験証明書の出来が最後のハードルである口頭試験の合否を左右する**のですから、これはもう口頭試験対策なのです。

ということで、本項では、実務経験証明書の書き方について解説していきます。まずはその前に受験申込書の書き方について解説しましょう。次ページは受験申込書のフォーマットです（２０２１年度からはエクセルで入力してフォーマットに自動出力するようになっています）。記入にあたっては特に迷うことなどない項目が多いのですが、その中でもよく考える必要があると思われるものについて以下に記述します。

(1) 受験地

北海道、宮城、東京、神奈川、新潟、石川、愛知、大阪、広島、香川、福岡、沖縄の中から選びます。通常は居住地直近の受験地ですが、複数の中から選べる人はアクセスを考えて選んでください。会場は年度によって変わることもありますが、過年度の会場（日本技術士会ホームページで調べられます）がわかると参考になるでしょう。

(2) 部門・科目

仕事上の必要性で選ぶ人もいるでしょうし、合格しやすさで選ぶ人もいるでしょう。人それぞれでいいと思いますが、経歴内容（特に小論文にした業務の内容）と乖離しないよ

受験申込書のフォーマット

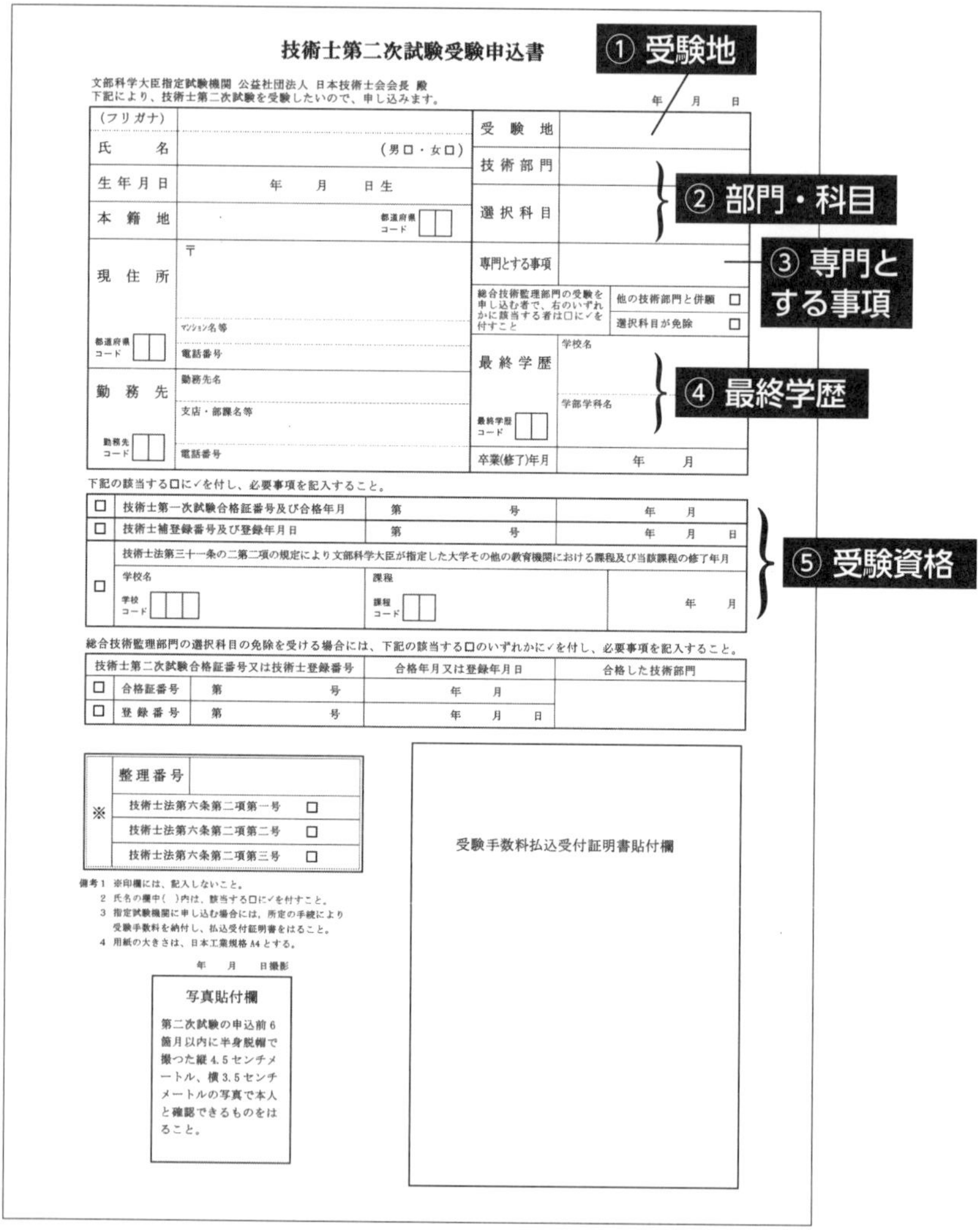

技術士第二次試験受験申込書
文部科学大臣指定試験機関 公益社団法人 日本技術士会会長 殿
下記により、技術士第二次試験を受験したいので、申し込みます。
年 月 日
(フリガナ)
氏 名
(男□・女□)
生年月日
年 月 日生
本 籍 地
都道府県コード
現 住 所
〒
マンション名等
電話番号
都道府県コード
勤 務 先
勤務先名
支店・部課名等
電話番号
勤務先コード
受 験 地
技 術 部 門
選 択 科 目
専門とする事項
総合技術監理部門の受験を申し込む者で、右のいずれかに該当する者は□に✓を付すこと
他の技術部門と併願 □
選択科目が免除 □
最 終 学 歴
学校名
学部学科名
最終学歴コード
卒業(修了)年月
年 月
下記の該当する□に✓を付し、必要事項を記入すること。
□ 技術士第一次試験合格証番号及び合格年月 第 号 年 月
□ 技術士補登録番号及び登録年月日 第 号 年 月 日
□ 技術士法第三十一条の二第二項の規定により文部科学大臣が指定した大学その他の教育機関における課程及び当該課程の修了年月
学校名
学校コード
課程
課程コード
年 月
総合技術監理部門の選択科目の免除を受ける場合には、下記の該当する□のいずれかに✓を付し、必要事項を記入すること。
技術士第二次試験合格証番号又は技術士登録番号
合格年月又は登録年月日
合格した技術部門
□ 合格証番号 第 号 年 月
□ 登 録 番 号 第 号 年 月 日
※
整 理 番 号
技術士法第六条第二項第一号 □
技術士法第六条第二項第二号 □
技術士法第六条第二項第三号 □
備考1 ※印欄には、記入しないこと。
2 氏名の欄中( )内は、該当する□に✓を付すこと。
3 指定試験機関に申し込む場合には、所定の手続により受験手数料を納付し、払込受付証明書をはること。
4 用紙の大きさは、日本工業規格A4とする。
年 月 日撮影
写真貼付欄
第二次試験の申込前6箇月以内に半身脱帽で撮つた縦4.5センチメートル、横3.5センチメートルの写真で本人と確認できるものをはること。
受験手数料払込受付証明書貼付欄
① 受験地
② 部門・科目
③ 専門とする事項
④ 最終学歴
⑤ 受験資格

うに注意が必要です。

小論文においては、扱うテーマが受験科目に関するものでなければいけないのは無論ですが、課題解決にあたって発揮した専門技術力がその科目に関するものでないと、口頭試験で「別の科目の業務経験では？」と言われかねません。

（3）専門とする事項

受験科目の中でも何が専門分野なのかを書きます。実務経験証明書に記載した業務経歴の8割程度は包含するような文言にしましょう。現時点で取り組んでいる業務や小論文に取り上げた業務などにあまりこだわると、過度に絞り込みすぎた内容になってしまいます。

（4）最終学歴

大学院修了なら最終学歴は大学院です。

（5）受験資格

ここには3つのチェックボックスとそれぞれに対応した記入欄がありますが、まず二次試験受験資格が一次試験合格なのかＪＡＢＥＥ認定なのかを選びます。一次試験合格の場

技術士補登録欄の記入有無と添付書類

<table>
<tr><th>実務経験内容</th><th>２段目の技術士補
登録欄記入内容</th><th>添付書類</th></tr>
<tr><td>【経路①】
指導技術士の下で４年</td><td>チェックボックスにチェックして、技術士補登録番号及び登録年月日を記入する</td><td>不要</td></tr>
<tr><td>【経路②】
優れた指導者の下で４年</td><td rowspan="2">チェックボックスにチェックしてはいけない
技術士補登録番号等も記入してはいけない</td><td>「監督者要件証明書」及び「監督内容証明書」</td></tr>
<tr><td>【経路③】
実務経験７年</td><td>不要</td></tr>
</table>

合は1段目、ＪＡＢＥＥ認定プログラム修了（すなわち一次試験免除）の場合は3段目にチェックして、それぞれに必要な内容を記入します。

そして、16～17ページの図に示すように、修習技術者となってから二次試験受験までの経路には3つあるのですが、それぞれに応じて2段目の技術士補登録欄の記入有無と添付書類を使い分けます。

ここで注意していただきたいのは、2段目の技術士補登録チェックと登録番号等は、**技術士補に登録している場合に記入するのではなく、技術士補4年の実務経験で受験する場合のみ記入する**ということです。そして技術士補4年で受験する場合、後述のように実務経験証明書の書き方がかなり制限されてしまうので、**技術士補4年の経験での受験はおすすめできません。**技術士補に登録していても、2段目にチェックを入れたり技術士補登録内容を記入したりしないようにしましょう。

2 口頭試験に備えた実務経験証明書とは

２０１９（令和元）年度から、二次試験の内容が大きく変わりました。それは、求められる資質能力（コンピテンシー）が整理され、これを反映して**採点ポイントが変わった**ことと、そして筆記試験・口頭試験とも**大幅にマニュアル化された**ことです。したがって、コンピテンシーとそれに基づく採点ポイントをしっかり理解することで効率的に高得点を上げられるようになります。逆に言えば、それらを理解せず我流の答案を書いていてもなかなか合格に結びつかないということです。

これらのコンピテンシーは単なる理念のようなぼんやりしたものではありません。具体的な評価内容として、筆記試験の各問題・各設問、そして口頭試験に割り振られているのです。

筆記試験では各問題・各設問にどのような評価内容が割り振られているか、すなわちどのような答案を書いたらいいかをしっかり理解しておくことが重要ですが、出願段階でも、口頭試験段階でどういったコンピテンシーが確認されるのかを熟知したうえで業務経歴や

技術士に求められるコンピテンシー

コンピテンシー	内　容
専門的学識	• 技術士が専門とする技術分野（技術部門）の業務に必要な、技術部門全般にわたる専門知識及び選択科目に関する専門知識を理解し応用すること • 技術士の業務に必要な、我が国固有の法令等の制度及び社会・自然条件等に関する専門知識を理解し応用すること
問題解決	• 業務遂行上直面する複合的な問題に対して、これらの内容を明確にし、調査し、これらの背景に潜在する問題発生要因や制約要因を抽出し分析すること • 複合的な問題に関して、相反する要求事項（必要性、機能性、技術的実現性、安全性、経済性等）、それらによって及ぼされる影響の重要度を考慮したうえで、複数の選択肢を提起し、これらを踏まえた解決策を合理的に提案し、または改善すること
マネジメント	• 業務の計画・実行・検証・是正（変更）等の過程において、品質、コスト、納期及び生産性とリスク対応に関する要求事項、または成果物（製品、システム、施設、プロジェクト、サービス等）に係る要求事項の特性（必要性、機能性、技術的実現性、安全性、経済性等）を満たすことを目的として、人員・設備・金銭・情報等の資源を配分すること
評価	• 業務遂行上の各段階における結果、最終的に得られる成果やその波及効果を評価し、次段階や別の業務の改善に資すること
コミュニケーション	• 業務履行上、口頭や文書等の方法を通じて、雇用者、上司や同僚、クライアントやユーザー等多様な関係者との間で、明確かつ効果的な意思疎通を行うこと • 海外における業務に携わる際は、一定の語学力による業務上必要な意思疎通に加え、現地の社会的文化的多様性を理解し関係者との間で可能な限り協調すること
リーダーシップ	• 業務遂行にあたり、明確なデザインと現場感覚を持ち、多様な関係者の利害等を調整し取りまとめることに努めること • 海外における業務に携わる際は、多様な価値観や能力を有する現地関係者とともに、プロジェクト等の事業や業務の遂行に努めること
技術者倫理	• 業務遂行にあたり、公衆の安全、健康及び福利を最優先に考慮したうえで、社会、文化及び環境に対する影響を予見し、地球環境の保全等、次世代にわたる社会の持続性の確保に努め、技術士としての使命、社会的地位及び職責を自覚し、倫理的に行動すること • 業務履行上、関係法令等の制度が求めている事項を遵守すること • 業務履行上行う決定に際して、自らの業務及び責任の範囲を明確にし、これらの責任を負うこと
継続研さん	• 業務履行上必要な知見を深め、技術を修得し資質向上を図るように、十分な継続研さん（ＣＰＤ）を行うこと

各コンピテンシーの筆記試験・口頭試験での位置づけ

コンピテンシー	筆記試験における評価内容	筆記試験各問題での割り振り				口頭試験における評価内容	
		Ⅰ	Ⅱ-1	Ⅱ-2	Ⅲ		
専門的学識	基本知識理解	○	○	○	○		
	理解レベル		○基本	○業務 設問1			
問題解決	課題抽出	○ 設問1			○ 設問1		
	方策提起	○ 設問2			○ 設問2		
評価	新たなリスク	○ 設問3			○ 設問3	経歴・小論文の現時点評価失敗例等	○
技術者倫理	社会的認識	○ 設問4				業務遂行にあたって重視する倫理	○
マネジメント	業務遂行手順			○ 設問2		経歴・小論文におけるリソース最適配分	○
コミュニケーション	的確表現	○	○	○	○	経歴・小論文で相反する利害要求をどのように調整して説明したか	○
リーダーシップ	関係者調整			○ 設問3			○
継続研さん	−					資質向上のため実施してきたこと・今後実施予定のこと	○

小論文を作成することが重要になります。

　口頭試験では業務経歴・小論文に関して、専門技術力に関する資質確認項目がなく、コミュニケーション・リーダーシップ・評価・マネジメントの4つの能力（業務をスムーズに遂行する、業務遂行能力）に関する資質確認だけになっています。さらにそれは小論文に限定せず、経歴全体の中で説明すればいいと言われる可能性が高いと思われます。もちろん詳細な業務内容が書いてある小論文で説明したほうが伝わりやすく有利ですから、小論文としては技術レベルの高さよりも業務遂行能力をアピールできる業務事例を選んだほうがいいでしょう。

ここが従来の経験論文・業務体験論文との大きな違いです。従来は、「これまで経験してきた中で最も高度な専門技術的工夫をした、つまり最も技術レベルの高い、一世一代の業務」を選ぶ人が多かったと思いますが、そうではなく、**技術レベルの高さではなく業務遂行能力の高さをアピールする**ことをしっかり理解してください。

つまり、さまざまなステークホルダーに対してきちんと説明して理解を得て業務を主導しているか、また人・モノ・カネや工期・情報等の制限や利害関係がある中での最適提案をしているかといった実務遂行能力が問われるのであって、「技術士にふさわしいハイレベルな専門技術的工夫」は問われません。したがって、たとえ技術的内容が高度なものであっても、ステークホルダーが特にいなかったり、人・モノ・カネの制限が特になかったりする業務は小論文としても業務経歴としても好ましくありません。

もちろんステークホルダー理解を支える技術的妥当性（最適性）の根拠がしっかりしていなければなりませんから、技術的妥当性はどうでもいいというわけではありません。しかし、大事なのは技術レベルの高さではありませんから、業務経歴や小論文は、技術的に妥当・最適であればよく、それ以上にリソースや工期・情報・ステークホルダー等の制約の中で最適な提案をしたという事例・内容がよいと思われます。

3 業務経歴は技術者としての成長ドラマ

次に実務経験証明書について解説します。繰り返しますが、この実務経験証明書の出来が口頭試験での合否を左右しますから、じっくり、しっかり作成してください。

次ページが実務経験証明書のフォーマットです。右上に「経路③」とありますが、受験資格によって経路①～③を使い分けます。受験資格が技術士補4年であれば経路①、監督者の下で4年であれば経路②、そして実務経験7年であれば経路③を使います。間違えないように十分注意してください。

そして、実務経験証明書は上下に大きく2つに分かれています。上は大学院における研究経歴と勤務先における業務経歴を表にまとめるもので、下は業務経歴の中から1つを選んで、その業務内容の詳細を720文字以内の小論文にまとめるものです。

ここでは、前者の研究経歴・業務経歴について解説します。

大学院での研究経歴ですが、最終学歴が大学院の人は、大学院の経歴を算入しないと所定の経験年数が確保できない人はもちろん、そうでない人も、**研究経歴欄は埋めておいた**

実務経験証明書のフォーマット

【経路③】

氏　名	

※ 整理番号	

実務経験証明書

大学院における研究経歴／勤務先における業務経歴

	大学院名	課程（専攻まで）		研究内容	①在学期間 年・月〜年・月	年月数
					年　月 〜　年　月	
詳細	勤務先 （部課まで）	所在地 （市区町村まで）	地位・職名	業務内容	②従事期間 年・月〜年・月	年月数
					年　月 〜　年　月	
					年　月 〜　年　月	
					年　月 〜　年　月	
					年　月 〜　年　月	
					年　月 〜　年　月	
※業務経歴の中から、下記「業務内容の詳細」に記入するもの１つを選び、「詳細」欄に○を付して下さい。					合計（①+②）	

上記のとおり相違ないことを証明する。　　年　月　日

事務所名

証明者役職

証明者氏名　　印

A

業務内容の詳細

当該業務での立場、役割、成果等

ほうがいいと思います。

最終学歴が大学院なのに研究経歴欄が埋まっていないと、そのことを口頭試験で指摘されることがあります。書いてあっても無駄にはなりません（たとえ、その後の業務経歴や受験科目と専門違いのものであっても、知識体系の広さや論理的考察力を鍛えたということなどをアピールできます）。

課程は専攻まで記入することを忘れないでください。研究内容はわかりやすい文言を選んでください。学位論文のタイトルがわかりやすければ、それでもいいでしょう。

次に業務経歴ですが、これはたった5行しかありません。平成24年度以前はこれが10行ありました。しかし平成25年度試験からは半分になってしまったのです。たった5行で実務経歴を全部表現しきれるか、ちょっと困難な人もいらっしゃるのではないかと思います。そういう人は、経歴をできるだけざっくりまとめて、さらに必要であれば勤務先、所在地、地位・職名については複数のものを併記したり、「など」で括ってしまったりしてもいいと思います。

そのうえで、たとえば初期の経歴（補助的役割等に従事していた頃）を省略したり、受験科目に直接関係のない経歴期間をカットしたりすることも1つの方法かなと思います。

ただし、口頭試験で自分の技術者としての成長をアピールしようと思ったら、初期の経歴もあったほうがいいですし、受験科目に直接関係のある経歴だけに絞り込むということは、技術者としての視野の狭さというマイナス印象につながりかねない懸念もありますから、できる範囲で自分の「技術者人生」を全部網羅しておいたほうがいいと思います。

参考のため、次ページに、私が平成22年度に建設部門・建設環境科目を受験したときの業務経歴を、5行に整理し直したものを掲載しました。ここでは実務経験を最初から直近まで切れ目なくすべて網羅しています。

なお、業務経歴の最終行は、できる限り直近年度の3月にしてください。口頭試験で「最近は技術士にふさわしいような業務に従事していないのですね。だったら技術士資格は不要では？」と言われた例があります。

以下、業務経歴の記入内容を解説していきます。

(1) 勤務先

会社等の組織名を書きます。ここで注意すべきなのは、所属組織ではなく、実際に勤務をしていたところを書くということです。たとえば、建設会社等で長期間現場事務所に勤

業務経歴の記入例

大学院における研究経歴／勤務先における業務経歴

詳細	大学院名	課程（専攻まで）		研究内容	① 在学期間 年・月〜年・月	年月数	
	○○大学大学院	理学研究科 地質学鉱物学専攻		島根半島及び隠岐道後中新統の層所とグリーンタフ変質	1983年4月 〜1985年3月	2	0
詳細	勤務先 (部課まで)	所在地 (市区町村まで)	地位・職名	業務内容	② 従事期間 年・月〜年・月	年月数	
	○○コンサルタント株式会社 地質調査部地質課	福井県 小浜市	技術員	港湾設備建設に伴う公有水面埋立免許申請に伴う環境影響評価業務、住宅地に隣接した道路改良工事に伴う騒音振動測定業務等	1983年4月 〜1985年3月	2	0
	同上 地質調査部環境計量室及び環境調査室	同上	主任	猛禽類が生息する低標高丘陵地を主とし将来的に高速道JC計画のある里地里山におけるゴルフ場開発申請に伴う環境影響評価業務等	1989年4月 〜1993年3月	4	0
	同上 地質調査部環境調査室	同上	主幹・室長	集落に隣接し漁業権が設定されているとともに一部でアマモ場の消失を伴う約25haの公有埋立免許申請に伴う環境影響評価業務等	1993年4月 〜2002年3月	9	0
	同上 地質環境部	同上	次長・部長	里地里山地域における生活貯水ダムの開発申請に伴う水質保全・猛禽類生息地配慮等の環境保全措置提案を含む環境影響評価業務等	2002年4月 〜2009年3月	7	0
	同上 技術士管理セクション	同上	エグゼクティブ	地質・環境調査及び土木設計に関する指導・検査・管理	2009年4月 〜2010年3月	1	0
※業務経歴の中から、下記「業務内容の詳細」に記入するものを1つ選び、「詳細」に○を付して下さい。					合計 (①+②)	25	0

務していたとか、別組織への出向をしていた場合は、現場事務所や出向先を書いたほうがいいでしょう。

また、部課名まで書くことが求められていますから、部や課がある場合はそれも記入しましょう。

(2) 所在地

勤務先の所在地を書きます。勤務先を現場事務所や出向先にした場合は、その所在地となります。市区町村名まで書くことになっていますから、都道府県名や「郡」で終わらないようにしましょう。また、東京都は区まで書きますし、政令指定都市は区まで書いておいたほうが無難だと思います。

(3) 地位・職名

勤務先での地位・職名を書くのですが、これは組織内での役職（係長とか課長など）を書いておいたほうがいいでしょう。

役職にはもう1つ、契約上の役職があります。「主任技術者」とか「管理技術者」などです。業務経歴の当該行の期間ずっとその役職にあったのであればそれでもいいですが、そうではないのなら、組織上の役職を書いておいたほうが無難です。

また、特に肩書きがない時期、つまり「ヒラ」の時期は、「社員」とか「係員」でもいいのですが、それだと事務系職員も同じ名称になりますから、たとえば「技術員」のような名称を書いておいたほうが技術職らしくなるでしょう。

(4) 業務内容

当該期間において従事した業務の内容を書きます。この間、1つの業務だけに専従していた人はその業務内容を書けばいいでしょう。

当該期間において複数の業務に従事していた人は、次のいずれかの書き方を選んでいただけるといいと思います。なお、①がおすすめです。

①当該期間における代表的業務を選んでこの内容を記載する

85ページに掲載した私の業務経歴例は、こちらの書き方を主としています。経歴行の期間に1つの業務だけに専従している場合も、ここで紹介する書き方にしたほうがいいと思います。

対象事業や業務の特徴に関することを記載するのですが、どんな課題に取り組んだのかが読み取れるような文言を加えるといいでしょう。たとえば「山岳トンネル工事」ではなく「膨張性地山における長大山岳トンネル工事」というようにすればいいでしょう。

さらに、前述のように口頭試験で確認される資質は技術レベルの高さではなく実務遂行能力ですから、たとえば「短工期の中で」とか「住宅地に近接して」など、ステークホルダーとの利害関係調整や限られたリソースの有効活用などをしたのだろうなということがうかがえるような文言も加えたほうがいいと思います。

繰り返しになりますが、**専門技術的工夫内容はてこそこでいいので、利害関係調整やリソース活用といった業務遂行に重きを置いた内容を書く**ようにしてください。

なお、代表的業務だけに専従していたわけでもなく、また当該代表的業務だけにそれだけの年月を費やしたわけでもないということを示すために、末尾に「等」や「等の業務」と付け加えておくといいと思います。

②当該期間の業務内容を包含した総括的文言を記載する

「この時期はだいたいこんな仕事に従事していました」といった内容を記載します。ただし、ある程度の具体性は伝わるようにしましょう。たとえば「地質調査解析業務」だけでは漠然としすぎているので、「軟弱地盤における地質調査解析」というように、さらに対象事業も加えて「造成・道路事業に伴う軟弱地盤の地質調査解析」というようにしたほうがいいでしょう。

この場合も、ステークホルダーとの利害関係調整や限られたリソースの有効活用といった内容が説明しやすい文言とするように工夫してください。

なお、業務の内容は、少なくとも受験に必要な実務経験としてカウントされる内容であることが必要です。すなわち、科学技術に関して主体的に取り組んだ業務内容である必要があります。科学技術と関係ない一般事務や営業のような内容、科学技術に関係していても単純労働あるいは技能職とみなされる内容（たとえば建設重機のオペレーター、試験技官など）は避けます。ただし、たとえば試験技官であっても、科学技術に関する工夫をしたことが読み取れる内容であれば問題ありません。役職ではなく、業務の内容が問題視されるのです。

業務内容の文章量は、2~3行にまとめるといいでしょう。それより短いと内容が薄くなりますし、4行にもなると字が細かすぎて読みにくくなります。口頭試験時に試験官がさっと読めるように、3行以内にしておいたほうがいいと思います。

(5) 従事期間

当該業務従事期間を書きます。この期間を合計した年数が、受験申込書の「受験資格」で必要とされる年数を満たしていなければなりません。

この従事期間はダブりがあってはいけません。複数の業務に重複期間をもって従事した場合も、期間を適切に配分してダブりのないようにしましょう。

逆に、空白期間があるのもあまり好ましくありません。どうしても全経歴が5行に収まらず重要業務をピックアップした場合などは仕方ありませんが、口頭試験段階では空白期間の内容について聞かれたときの回答を用意しておく必要があります。

また、前述のように、最終行が直近年度末になっていないのはできるだけ避けましょう。

なお、最終月は3月にしてください。

逆に初期の頃の経歴を省略するのは大きなマイナスにはなりません。ただし、口頭試験で業務経歴説明を求められた場合、業務経歴に書いていない期間の説明もしなければなりませんから、試験官が戸惑わないような話し方で説明する必要が出てきます。

なお、技術士補4年の経験で受験する場合は、勤務先及びその所在地は自分ではなく、指導技術士の勤務先、業務内容は指導技術士を補佐した内容を書かねばなりません。また、地位・職名は「技術士補」以外は書いてはいけません。

4 二次試験突破の必殺ワザ「骨子法」

業務経歴が書けたら、その中から1業務を選んで記述する「業務内容の詳細」（小論文）に取りかかりますが、ここでは事例の選び方、小論文の書き方の順で解説していきます。

(1) 小論文事例は専門技術力を活かした業務遂行の工夫がある事例を

昔から技術士試験の経験論文は独創的な創意工夫が必要だと思われてきました。最近の技術士試験でも独創性までは求めないまでも、２０１８（平成30）年度の口頭試験までは「技術士にふさわしい工夫点は何か」という質問がよくされていましたから、当たり前レベルではない一段高いレベルの専門技術的工夫が必須でした。

しかし、令和に入ってからの口頭試験は内容が一変しました。２０１９（令和元）年度以降の口頭試験では、必ず聞かれる内容が「コミュニケーションはどのようにしたか」「リーダーシップを発揮した内容はどうか」「今振り返ってみて改善点や今後に活かしたいことはあるか」「人や金銭・資機材・情報などの活用についてはどうか」といったもので、これは78ページに示したコンピテンシーのうち、コミュニケーション・リーダーシップ・評価・マネジメントに対応しています。評価項目として決められているものですから必ず聞くわけですね。つまり、**利害関係調整や限られたリソースの配分といった業務遂行能力に特化しているわけです。**

ちなみにこれらの質問については、小論文限定ではなく経歴全体の中で答えればいいと言われる可能性が高いと思います。しかし、それらの質問に答えるとき、業務の内容や経過・成果などが詳述してある小論文事例と、業務経歴の中に2~3行程度で簡単に書いてあるに過ぎない事例のどちらが説明しやすく聞き手（試験官）の理解を得やすいかと考えれば、当然小論文の中で答えたほうがいいに決まっています。

さらに小論文を含む業務経歴については、この4つの質問しかこない可能性が高いので、これらの質問に対して小論文以外のところで答えてしまったら、小論文は書いた意味がないものになってしまいますから、やはり小論文の中で答えるべきです。

さて、口頭試験で質問されるコミュニケーション・リーダーシップ・評価・マネジメント（業務遂行能力）について書くといいわけですが、これらは当然ながら専門技術的工夫を盛り込まねばなりません。「事業に反対している地元住民に対して誠意をもって粘り強く説明して説得した」とか「プロジェクト予算がどうしても不足するので組織上層部にかけあって追加予算を獲得した」では、専門技術力がまったく発揮されていませんから適切ではありません。

予算や人員あるいは資機材といったリソースが十分にない場合、必須ではない機能を削ったり適用範囲に制限を持たせたりすることで目的を達成しようとしますよね。そういった内容がふさわしいのです。

仮想的な例を3つほどあげて説明しましょう。

①測定機器を開発するにあたって、非常に稀なケースは対象範囲から外すことによって機能を絞り込み、予算や開発期間、あるいは設置スペースなどの制限の中で開発を実現した。

②土木構造物構築に際しての地盤調査において、予算や工期が制限される中、統計的手法や土質工学的考察あるいは堆積学的考察などによって、限られた調査データの中で精度の高い地盤モデルを構築・提案した。

③建設工事において新工法を採用することになったが、環境（水質や騒音など）に対する影響が懸念されることを察知し、シミュレーションや試験施工によって影響が極めて小さいことを確認してから着工した。

こういった工夫は専門技術力がないとできませんよね。①ではどういったケースが稀なのか、どこまでなら機能を絞り込んでも大丈夫かといったことが判断できなければいけませんし、②では統計的手法を使いこなしたり、土質工学的・堆積学的考察をしたりできなければなりません。③では新工法の原理やそこで使われる機械類の動作状況、さらには環境に対する知識などが必要になってくるでしょうし、建設工事に伴う環境影響に関する経験が活きたのかもしれません。

そして、前記①②は限られたリソースの活用（マネジメント）、③は環境影響最小化という形での利害関係調整（リーダーシップ）に関して対応力がアピールできますし、そういった内容を合理的根拠をもってクライアントや地域住民に説明して理解を得たという内容で、コミュニケーションについてもアピールできるでしょう。

このように、専門技術力を活かして限られたリソースの中での業務遂行やトラブル未然防止を可能とした（業務遂行上の工夫をした）という内容が、小論文の題材としては理想的ではないかと思います。

繰り返しますが、昔の経験論文や平成までの小論文では高度な専門技術的工夫が求められていましたが、令和の小論文が求めるのは利害関係調整やリソース活用といった業務遂行上の工夫です。ですから、高度な専門技術的工夫があるが業務遂行上の工夫がないという事例よりも、技術的レベルは当たり前レベルでも業務遂行上の工夫がある事例のほうがいいのです。この点はしっかり頭を切り替える必要があります。くれぐれも技術レベルの高さばかりを考えて、業務遂行上の工夫がないような事例を選ばないようにしてください。

（2）小論文は骨子法を使ってまとめよう

事例が決まったらこの内容を小論文にまとめるのですが、720文字以内にまとめねばなりません（2020（令和2）年度までは10文字程度オーバーしても受け付けてもらえたようですが、2021（令和3）年度からのエクセル入力では720文字以上は入力できなくなっています）。

2019（令和元）年度以降の口頭試験内容を見ると、小論文の内容をじっくり読んできている試験官は多くないように思われます。したがって**小論文は斜め読みしても内容が頭に入るような書き方になっていることが望ましい**と思われます。そのためには国語的に正しい文章になっていることは無論、文章構成・ロジックがしっかりまとまっていることが大事です。

そこで、ここでは効率的にロジックをまとめるためのツールとして「骨子法」を紹介します。これは書くべき内容を次ページ表のような形にまとめるもので、小論文はもちろん筆記試験の問題Ⅰ・Ⅲの答案作成にも使えます。

骨子法

問　題	問題分析	解決の方向性（課題）	具体策

問題は、つまり「困ったこと」です。「こうあるべきなのに現状はこうだ」というように、あるべき姿と現状を対比してもいいですし、問題だけを書いてもいいでしょう。

問題分析は、問題の発生原因・機構、すなわち問題の元凶・ボトルネックを掘り下げて明確にする過程です。言い換えると「何がボトルネックになっているのか」を絞り込むことでもあります。

このようにボトルネックをしっかり絞り込むと、そのボトルネックを解消すればいいという「なすべきこと」が必然的に見えてきますね。これが課題になります。つまり課題は、問題分析結果から、「そこでこうする」「ならばこうすればよい」というように必然的に求められる解決の方向性です。

そして具体策は課題（解決の方向性）の実現策ということになります。このあたりになるとかなり専門的内容になってくる一方で、口頭試験の試験官がそういった狭い専門分野にまで精通している可能性は高くありませんから、「部門・科目までは同じ専門分野だが、それより細かいところでは異分野」であることを前提に記述する必要があります。

低予算での測定機器開発事例の骨子表(1)

問題	問題分析	解決の方向性(課題)	具体策
予算不足で機器開発が難航	さまざまな状況に対応しようとするためにスペックが肥大化していることがボトルネックになって高価になっている	非常に稀なケースは対象範囲から外すことによって機能を絞り込み、開発予算を抑制する	○○、△△といったケースを対象範囲から外し、□□機能と◇◇機能を除外したスペックとする

低予算での測定機器開発事例の骨子表(2)

問題	問題分析	解決の方向性(課題)	実現上のハードル	具体策
予算不足で機器開発が難航	さまざまな状況に対応しようとするためにスペックが肥大化していることがボトルネックになって高価になっている	非常に稀なケースは対象範囲から外すことによって機能を絞り込み、開発予算を抑制する	対象除外ケースを完全に非対応にすると特定顧客のニーズに応えられず、顧客を失う懸念がある	○○、△△といったケースを対象範囲から外し、□□機能と◇◇機能を除外したスペックとする さらに除外した機能はユニット式で後付付加できるようにして対象外ケースでの測定ニーズにも対応できるようにする

以上の骨子を、前述の「測定機器を開発するにあたって、非常に稀なケースは対象範囲から外すことによって機能を絞り込み、予算の制限の中で開発を実現した」という低予算での測定機器開発の事例で書いてみると上表（1）のようになるでしょう。

なお、解決の方向性と具体策の間に実現上のハードルがある場合もあります。つまり「このようにすればよい。しかしそれを実現するうえではこういった制約がある。それも踏まえてこういった具体策を提案した」ということですね。たとえば、低予算での測定機器開発の事例では前ページ表（2）のような内容になったりするでしょう。

この場合、問題分析部分で掘り下げた問題発生原因・機構が1つ目のボトルネック、実現上のハードルが2つ目のボトルネックになります。実際の業務でもこのように複数段階のボトルネックがあることが少なくないですよね。

なお、問題解決部分をどうしても専門技術的問題解決にしたい場合は、実現上のハードル部分を利害関係調整や限られたリソースの活用などに関するボトルネックにすることによって、口頭試験での確認資質である業務遂行能力についてもアピールできる小論文にできると思います。

小論文の中心となる問題解決部分の骨子ができたら、この前に業務概要及び立場・役割を、後に成果を付け足して小論文を構成します。全体の書きぶりとしては、以下のようなものがいいのではないかと思います。

・業務概要

本業務は○○したものである。（途中に「○○を目的として」が入ってもいい）

・立場・役割

私は○○として、○○を担当した。
・問題
○○が問題であった。○○が最大の問題と判断した。○○できなかった。
・問題分析
これは、○○が原因であった。○○によるものであった。
・解決の方向性
私は○○と考えた。○○することで解決すると判断した。
・実現上のハードル（これについても書く場合）
そこで○○を踏まえて…、○○である中で…、○○が実現上のネックなので…、
・具体策
○○を提案した。最終的に○○を提案した。
・成果
提案の結果、○○ができた。※つまり問題が解決されたということを書く。

ここで大事なのは、たった720文字であっても文章をダラダラ書きにするのではなく、きちんと章立てして見出しをつけて書くということです。たとえば新聞を読むときには、

大見出しから全体の、中・小見出しから各項目の記載内容を把握してから文章を読んでいくと思います。

これと同じで、たった720文字の文章であっても、見出しがついていることによって各項目の記載内容が伝わりますから、読み手（試験官）は内容を理解しやすくなります。前述したように小論文の内容をじっくり読んできている試験官は多くないと思われるため、章立てして見出しをつけることによって、斜め読みでも内容が頭に入るようにしておくことは非常に重要なのです。

このような構成で小論文フォーマットに書くと、次ページ図のようなイメージになります。もちろんテーマによって配分は異なりますが、だいたい業務概要＋立場・役割で3行前後、成果が2～3行で、あとは問題解決（問題抽出↓問題分析↓解決の方向性↓実現上のハードル↓具体策の流れ。どこにウェイトを置くかは業務によって異なる）とすればいいでしょう。

以上はあくまで例示です。実際の業務は千差万別ですから、これを参考に、ご自分の事例に合った構成にしてください。以下、各項目について解説します。

当該業務での立場、役割、成果等
【業務概要及び立場・役割】－－－－（現場）－－－－において、－－－－－－－－－－－－－－－－－を目的として、－－－－－－－－－（業務内容）－－－－－－－－－する業務であった。私は管理技術者として、業務実施計画立案と業務全体の管理、－－（技術的分担）－－および関係機関との協議・調整を担当した。 【問題及び問題分析】－－－－－－－－－－－－－－－－－（あるべき姿を明示して好ましくない現状と対比してもいいし、問題だけを書いてもいい）－－－－－－－－－－－－－－－－－－－が問題であった。これは、－－－－－－－－－－－－－－－－－－－－－－－－－－－－－－（問題の原因・機構すなわち元凶・ボトルネック）－－であった。 【提案内容】私は－－－－－－（方向性の根拠となるような知識・経験）－－－－－－－により、－－－－－－－－－－－－－－－－－－－－－－－－－－－（ボトルネックの解消策、解決の方向性）－－－－－－－－－－－－－－－－－－－－－－－と考えた。 そこで、－－－－－－－（解決策の実行にあたり考慮すべき、利害関係調整やリソース、期間、コスト、安全確保、環境配慮等＝実現上のハードル）－－－－－－－を踏まえ、－－－－－－－－－－－－－－－－－－－－－－－－－－－（具体的な実施内容）－－－－－－－－－－－－－－－－－－－－－－－－－－－を提案した。 【成果】－－－－－－－－－（実施した内容）－－－－－－－－－により、－－－－－－－－－－－－－－－－－－－（問題が解決したという内容）－－－－－－－－－－－－－－－－－した。

①業務概要及び立場・役割

業務の概要は、「こういう業務でした」という簡単なアウトラインです。そもそも何の業務だったのかわからないと問題解決も何もあったものではありません。ただし、ここをあまり詳細に書いていると肝心の問題解決部分のスペースがなくなってしまいますから、ごく簡単にかいつまんで書きましょう。試験官があまり理解できない場合は口頭試験で聞いてくれるだろうから、そこで説明すればいいと考えてください。

なお、建設部門など現場がある業務では、地名や路線名、河川名などの固有名詞は、できるだけ使わないようにしましょう。その現場に行ったこともなければ、そんな地名は見たことも聞いたこともない試験官には何も伝わりませんから現場がイメージしてもらえません。そんな情報よりも道路の幅員構成や交通量、河川の幅や断面構成などのほうがよほど現場がイメージできます。

立場・役割は、自分がどのような立場でどんな役割を担当したかを端的に述べます。立場は業務上の役職がいいでしょう。役割は、自分が主体的に判断することができた部分です。この立場・役割は、後段の解決の方向性や実現策を自分自身が考えたということと矛盾してはいけません。

②問題及び問題分析

これについては骨子法の解説部分で述べたので省略します。なお問題は、実際には数多くあるはずの問題の中で、最大の問題（あるべき姿とのギャップが大きい、解決が難しいなど）を抽出していることが必要ですが、その過程まで文字数の限られた小論文の中に記述する必要はありません。

③提案内容

問題分析によって必然的に解決の方向性（課題）を導く過程と、その実現策になります。ここで実現上のハードルを書く場合は、「しかしこれがハードルになった。そこで〜」という書き方ではなく、「こういう制約があることも踏まえて〜」という書き方がいいでしょう。「しかし」という否定形の書き方をすると、問題に対して解決の方向性を提示したのに、またそれを否定するような「しかし〜そこで〜しかし」という堂々巡りの印象を与えかねないからです。

④成果

提案の結果、問題がうまく解決できたということを簡単に書きましょう。成果が評価されるのではなく、提案内容（それも具体的な提案内容ではなく具体策に至る考察過程）が評価されるのですから、成果は簡単でかまいません。

なお文字数に余裕がある場合は、業務成果を踏まえた今後の展望（改善点や応用など）を書けば、コンピテンシーのうち「評価」に関しても触れることができます。ただし、これはあくまで文字数に余裕がある場合の話で、無理に書く必要はありません。

4章

二次必須科目（問題Ⅰ）は「骨子法」で突破しよう

1 重要な評価尺度は課題抽出と方策提起

問題Ⅰは、2018（平成30）年度までは択一問題でしたが、2019（令和元）年度から記述問題になりました。

部門全般にわたる専門知識、応用能力、問題解決能力及び課題遂行能力を問う問題で、2問中1問を選び、600字詰め答案用紙3枚で解答します。試験時間は午前中の2時間です。配点は40点ですが、筆記試験の合格基準は「**必須科目、選択科目ともA評価（60％以上の得点）であること**」であり、必須科目は問題Ⅰだけですから、配点に関係なく、60％以上の評価を得なければ即、筆記不合格となります。

受験申込案内によると、問題Ⅰの内容は次ページ表の通りです。

また79ページに示す表及び次ページ表のように、問題Ⅰにおける評価項目は6項目であり、各設問への評価項目割り振りも決まっているため、部門が異なっても各設問の問題文はほぼ同じになっています。

以下、コンピテンシーごとに評価項目について解説します。

問題Ⅰの内容

概　念	**専門知識** 専門の技術分野の業務に必要で幅広く適用される原理等に関わる汎用的な専門知識
	応用能力 これまでに習得した知識や経験に基づき、与えられた条件に合わせて、問題や課題を正しく認識し、必要な分析を行い、業務遂行手順や業務上留意すべき点、工夫を要する点等について説明できる能力
	問題解決能力及び課題遂行能力 社会的なニーズや技術の進歩に伴い、社会や技術におけるさまざまな状況から、複合的な問題や課題を把握し、社会的利益や技術的優位性などの多様な視点からの調査・分析を経て、問題解決のための課題とその遂行について論理的かつ合理的に説明できる能力
出題内容	現代社会が抱えているさまざまな問題について、「技術部門」全般に関わる基礎的なエンジニアリング問題としての観点から、多面的に課題を抽出して、その解決方法を提示し遂行していくための提案を問う
評価項目	技術士に求められる資質能力（コンピテンシー）のうち、専門的学識、問題解決、評価、技術者倫理、コミュニケーションの各項目

問題Ⅰで確認される評価項目

コンピテンシー	評価内容	割当設問
専門的学識	基本知識理解	全体
問題解決	課題抽出	設問1
	方策提起	設問2
評価	新たなリスク	設問3
技術者倫理	社会的認識	設問4
コミュニケーション	的確表現	全体

（1）専門的学識（評価内容「基本知識理解」：問題全般に適用）

（コンピテンシーの内容）
- 技術士が専門とする技術分野（技術部門）の業務に必要な、技術部門全般にわたる専門知識及び選択科目に関する専門知識を理解し応用すること
- 技術士の業務に必要な、我が国固有の法令等の制度及び社会・自然条件等に関する専門知識を理解し応用すること

出題内容が「現代社会が抱えているさまざまな問題について、技術部門全般に関わる基礎的なエンジニアリング問題としての観点から」とあるので、社会的重要テーマすなわち人口減少や少子高齢化、国際競争、災害、インフラ老朽化、SDGs等の持続可能性・環境問題、そしてICT発達に伴うこれまでにない情報化社会への対応などの問題がテーマになってくる傾向があります。

このため専門的学識も、部門に関する専門技術的知識よりも、後者の「我が国固有の法令等の制度及び社会・自然条件等に関する専門知識を理解し応用すること」に関する知識

が重点的に問われているようです。すなわち、**受験部門に関する社会的重要テーマに関わる法令施策等や社会経済、最新の技術の現状**といったものをしっかり知っていて理解しているか、という視点が採点ポイントになっているようです。

建設部門であれば、たとえばインフラ老朽化であれば、どういった事例や具体的な問題があるのか、それはどういった原因等により引き起こされているのか、なぜ老朽化インフラの維持管理が難しいのか、それに対してどう対処しようという施策や法整備等が進められているのかといった知識ですね。具体的に言えば、インフラ長寿命化計画などの具体的な取り組みをあげている答案と、そういった具体的取り組みをあげられていない答案とで差がつくということです。

（2）問題解決（評価内容「課題抽出」及び「方策提起」：設問1及び設問2に適用）

（コンピテンシーの内容）
- 業務遂行上直面する複合的な問題に対して、これらの内容を明確にし、調査し、これらの背景に潜在する問題発生要因や制約要因を抽出し分析すること
- 複合的な問題に関して、相反する要求事項（必要性、機能性、技術的実現性、安全

性、経済性等）、それらによって及ぼされる影響の重要度を考慮した上で、複数の選択肢を提起し、これらを踏まえた解決策を合理的に提案し、又は改善すること

このコンピテンシーについては「課題抽出」と「方策提起」の2つの評価内容に分かれ、前者が設問1、後者が設問2に割り当てられています。2設問にまたがることからも、**このコンピテンシーが得点上最重要である**と判断されます。

（代表的な問題文）
設問1：（テーマ）に関して、技術者としての立場で多面的な観点から課題を抽出し分析せよ
設問2：（設問1）で抽出した課題のうち最も重要と考える課題を1つあげ、その課題に対する複数の解決策を示せ

ここでややこしいのが「問題」と「課題」です。技術士会が刊行している「修習ガイドブック」では、「問題＝目標（水準）値－現状値」として、「目標値と現状値とのギャップ」と定義づけられています。そして、「問題解決のステップ例」として以下のように書かれ

ています。

①「問題発見」（問題の明確化：目標値と現状値のギャップ）
②「問題分析」（背景、要因、原因の調査・分析・整理）
③「課題設定」（問題を解決するためになすべき課題を設定）
④「対策立案」（課題に対する実施事項の立案、採否・優先順位の決定）
⑤「実行計画書の作成」（実施事項の詳細、スケジュール、実施結果の評価基準）
⑥「対策実施」（実施、結果の確認）
⑦「評価」（結果の効果の評価）→①以降のステップ

これに従えば、ステップ①～③が設問1、④が設問2となるようです。

ということで、まず設問1では「問題発見」をして「問題分析」をします。すなわち問題をリストアップしたら、この原因・機構や解決上の制約といったものを分析します。そうすることで「問題解決のためになすべき課題」が見えてくるというわけです。すなわち、次の3ステップで答案を書くといいでしょう。

①問題をあげる
困った状況、あるべき姿とのギャップを記述する。
②問題を分析する
問題の発生原因・機構を分析する。
③課題を抽出する
問題解決のために何をなすべきかを述べる。

なお、問題文では「**多面的な観点から課題を抽出**」することが求められています。修習ガイドブックにも例示されていますが、専門技術的問題だけでなく、コストや安全、環境負荷などさまざまな切り口で問題をあげることが望ましいと思います。

次に、設問2では課題の実現方策について提案することになりますが、まず最も重要と考える課題を1つあげることが求められます。ここではどの課題が最も重要と考えるか、合理的根拠をつけて明記すべきです。修習ガイドブックでは問題を「あるべき姿と現状とのギャップ」としているわけですが、一般的にはそのギャップが最大のものがあるべき姿が大きく損なわれ、社会に対する負の影響が大きいということですから、最重要といえるでしょう。あるいは問題が連鎖的に生じている場合、原因事象となる問題を解決することで他の問題も解消・最小化できることが考えられますから、そういった根本的問題を最優先で解決すべきだという視点もあると思います。

このようにして最重要課題を選定したら、その解決策（課題＝なすべきことの実現策）を提案するわけですが、ここで導き出した解決策は、**ひとりよがりなものではないことが重要**です。基本的には、国等が実際に提唱している施策や現実に取り組まれていることに沿ったものがいいでしょう。これは国等の施策に迎合するとか、鵜呑みにするということではなく、しっかり理解して解説するということです。

言い換えると、具体的な施策のベースには基本となる考え方・方向性（課題）があって、さらにそのベースには実際に発生している問題とその原因・機構があるわけです。施策等をしっかり掘り下げて、施策↓考え方・方向性↓問題と理解することで、逆に問題↓課題↓解決策というロジックで飛躍なく説明できるのです。

(3) 評価(評価内容「新たなリスク」:設問3に適用)

(コンピテンシーの内容)
・業務遂行上の各段階における結果、最終的に得られる成果やその波及効果を評価し、次段階や別の業務の改善に資すること

設問2であげた解決策を実現するにあたって、考えられる「新たなリスク」をあげます。

(代表的な問題文)
設問3:解決策に共通して新たに生じうるリスクとそれへの対策について述べよ

前述のように、解決策としては現に取り組まれている(あるいは実施が期待される)施策等をあげるといいわけですが、その実現に伴って新たに出てくる問題・課題をあげるといいでしょう。「新たに出てくる」ですから、解決策を実施したがために二次的に生じる負の側面、すなわち二次リスクを中心に考えるといいと思いますし、解決策の実現を妨げるボトルネックをあげてもいいでしょう。一方、「解決策が実施されたとしてもなお残る

リスク」（残留リスク・残存リスク）は「新たに生じうるリスク」ではありません。

なお、こういったリスクについても、ひとりよがりな内容、すなわち実際にはどのようなことが懸念されているのかなどを調べもせずに、自分の頭の中だけで考えたような偏狭なことを書かないように、出題が予想される主要テーマについて勉強しておきましょう。

（4）技術者倫理（評価内容「社会的認識」：設問4に適用）

（コンピテンシーの内容）

- 業務遂行にあたり、公衆の安全、健康及び福利を最優先に考慮した上で、社会、文化及び環境に対する影響を予見し、地球環境の保全等、次世代にわたる社会の持続性の確保に努め、技術士としての使命、社会的地位及び職責を自覚し、倫理的に行動すること
- 業務履行上、関係法令等の制度が求めている事項を遵守すること
- 業務履行上行う決定に際して自らの業務及び責任の範囲を明確にし、これらの責任を負うこと

設問1～設問3の内容を対象として、公益確保や環境保全面で留意すべき事項をあげます。

設問4：業務として遂行するにあたり必要となる要件を、技術者としての倫理、社会の持続可能性の観点から述べよ

問題文では、倫理と社会の持続可能性という2つの観点をあげています。

まず倫理としては、技術士試験なのですから3義務2責務や技術士倫理綱領から考えるといいでしょう。最も題意に沿うであろうものは、公益確保の責務（公共の安全、環境の保全、その他の公益の確保）です。技術士倫理綱領では、「公衆の利益の優先」「持続可能性の確保」の2項目が該当します。「公共の安全」とは、「公衆の安全、健康及び福利等」ですから、製品安全や公共インフラの安全性などでしょう。当然のことと思うでしょうが、**「それを優先する」という点がミソ**です。

次に持続可能性ですが、コンピテンシー「技術者倫理」に含まれることを考えると、技術士倫理綱領の「持続可能性の確保」の視点で考えることが順当だと思います。ですから、まずは環境保全を考えるといいと思うのですが、テーマによっては環境保全とはあまり関係ないようなものもあるでしょうから、もう少し広げてＳＤＧｓで考えてもいいと思います。一方、事業継続のための予算確保や人材育成、維持管理などは的外れになるのかなと思います。

（5）コミュニケーション（評価内容「的確表現」：問題全般に適用）

（コンピテンシーの内容）
・業務履行上、口頭や文書等の方法を通じて、雇用者、上司や同僚、クライアントやユーザー等多様な関係者との間で、明確かつ効果的な意思疎通を行うこと
・海外における業務に携わる際は、一定の語学力による業務上必要な意思疎通に加え、現地の社会的文化的多様性を理解し関係者との間で可能な限り協調すること

これは、「**読みやすい、正しい日本語の文章を書くこと**」と思っておけばいいでしょう。

また、問題→問題分析→課題抽出→解決策提案→新たなリスク考察というロジックが飛躍や不整合なく書けていること、きちんと章立てして見出しをつけて、通読でも内容がすっと読み取れるようにしておくことも重要です。

2 出題が予想されるテーマを絞り込んで骨子を作っておく

先述したようなことを踏まえた試験対策としては、以下の4段階で準備されることをおすすめします。

(1) 社会的重要テーマを絞り込む

受験部門において、出題される可能性が高い社会的重要テーマをある程度絞り込みます。

建設部門であれば、①人口減少・少子高齢化とそれに伴う担い手不足、さらにそれに対応するための生産性向上（デジタル技術活用やDXを含む）、②グローバリゼーション（国際競争力の向上）、③災害・インフラ老朽化への対応、④環境保全・SDGsといったものがあげられます。2019（令和元）年度は生産性向上と災害、令和2年度は担い手向上と維持管理、令和3年度は災害と廃棄物、令和4年度はカーボンニュートラルとDX、令和5年度は災害とインフラメンテナンス2．0でしたから、この範囲内から出題されていることがわかります。

受験部門に関わる白書等（たとえば建設部門や上下水道部門であれば国土交通白書、環境部門であれば環境白書・循環型社会白書・生物多様性白書、農業部門であれば食料・農業・農村白書、応用理学部門であれば科学技術白書など）や国の施策に関するさまざまな文献、ホームページ等で重要課題を把握し、近年の出題内容を参考にすれば、「今年はどのようなテーマの問題が出るか」はある程度絞り込めると思います。

(2) 知識を蓄える

出題されそうな社会的重要テーマを絞り込んだら、それについての知識を蓄えます。そのためには、次の2段階ステップでの取り組みがおすすめです。

①白書等の文献（建設部門であれば日経コンストラクション等もおすすめ）などの、「重要テーマについてざっくり説明している資料」でまず大枠を理解する。

②建設部門であれば国交省や国総研のホームページ、各種専門誌、ネット情報等で、さらに一歩深い情報を得て、知識を深める。特に白書類は、現状と施策の紹介だけで問題解決に関わるロジック、すなわち現状から施策等に至るつながり部分の説明が薄いので、問題分析→課題抽出→解決策といったストーリー理解のためには、白書だけでは不足。

筆記試験不合格答案を見ると、②が不十分なものが目立ちます。すなわち、白書等で表面的に理解しただけの、薄っぺらな知識であることが答案に如実に出てしまっているものが多いのです。時には①すら「言葉の丸暗記」になっている場合もあります。ただ覚えるのではなく、理解しなければダメだということを肝に銘じてください。

たとえば担い手不足であれば、単に担い手が不足しているという状況を把握するだけでは不十分で、なぜ担い手が不足しているのかというところまで考察しなければなりません。人口減少・少子高齢化だけでは説明できませんよ。それならば全産業で同じ状況になるはずですが、建設業は入職者が少ない、つまり人気がないためにより一層担い手が不足しているのです。

では、なぜ建設業は人気がないのでしょう。昔はきつい・汚い・危険の３Ｋでしたが、今では休暇が少ない・給料が安い・危険の３Ｋといわれています。では、なぜ休暇が少なく給料も安いのでしょう。それは生産性が低く収益性が低いことが主因だと思われます。では、なぜ生産性が低いのでしょう。いまだに機械化が進まず、労働集約型生産体制がとられている作業が多いことが大きな原因となっています。つまり、建設業は現場の状況が一つひとつ異なってくるため、現場に合わせて現場打ちを中心とした個別最適化（現場ごとに最適化する）の一品受注生産になっているのです。
したがって、これを機械化した資本集約型生産に転換するとともに、二次製品をできるだけ使うようにするなど全体最適化していくとよいという方向性が出てきます。これがi-Constructionですね。ＩＣＴを全面的に活用して機械化するとともに、プレキャスト製品やプレハブ製品を大幅に導入するわけです。さらにこれを発展させて無人化施工やリモート化を進めれば、現場への長期出張が削減できたりして働き方や働き手が変わってきます。これがＤＸですね。

このように、問題がなぜ・どのように発生していて、だからどのように対応すべきだといわれているのか、そしてその具体的方法にはどのようなものがあるのか、そういったことを、できれば自分の言葉で説明できるくらい理解しておいていただきたいと思います。少なくとも読み手（試験官）が「この人は全体的にだいたいわかっているな」と思ってくれるくらいの答案文章が書けるようにはなってほしいと思います。

(3) ロジック構成を考える（課題解決の視点で主要施策と実現策までの流れを整理する）

（２）で蓄えた知識を活用して、①問題をあげて分析→②課題抽出→③解決策提案→④新

筆記試験問題Ⅰ・Ⅲ用の骨子表

問題	問題分析	課題	方策提起	新たなリスク	その対策
困ったこと重大性・困難性等について読み手が納得できるものがよい	問題の発生原因・発生機構などを分析する	問題分析結果から必然性をもってなすべきことをあげる	課題の実現策 実際の施策や取組みにつなげるとよい	解決策を実行しようとしたときに制限となるもの・新たな問題	新たなリスクへの対応策（実際の施策等を踏まえることが望ましい）
設問1			設問2	設問3	

たなリスク抽出→⑤その対策というロジック構成を考えます。③は現実の施策等に一致することが望ましいと思われます。また①④とも専門技術的視野だけにならず、幅広い視野で考えることが求められますが、これは「人・モノ・カネ」の視点で考えるようにするといいでしょう。

そして①~⑤を骨子にまとめておくといいでしょう。なお、この骨子は業務経歴の業務内容詳細（小論文）で用いたものと似ていますが、解決策提案で終わらず、新たなリスクとその対策まで考えているという点で異なります。

たとえば災害がテーマであれば、次ページのような骨子が考えられます（縦書きフォーマットを合わせて縦横を変えてあります）。

こういった内容で出題が予想されるテーマについて骨子を作成して頭に入れておき、実際に出題された問題に合わせて取捨選択・アレンジして答案骨子を作成すると、効率的に高得点が期待できる答案のロジック構成ができると思われます。

社会的重要テーマ「災害」の骨子表

問　題	（災害激甚化）従来になかったような広域・大規模な災害が頻発し、社会経済に打撃	（社会経済への影響）広域災害や政治経済中枢被災による社会経済への打撃の甚大化・長期化
問題分析	• 異常気象に伴う異常降雨・出水による超過外力、従来想定していた以上の地震動・津波による防災インフラの能力を超過 • ①防災意識の低下、②災害情報提供の遅れ、③発災時対応手順がない・周知不足、④少子高齢化に伴う災害弱者の増加に伴う避難遅れ等による被害の甚大化	• 経済グローバル化によりサプライチェーンもグローバル化し、被災の影響が広域化 • 政治経済機能や物流機能の一極集中による冗長性のなさ
課　題	防災だけでなく、防災と減災を組み合わせて大規模災害に対応する	社会インフラ・社会構造のしなやかな強靭性（継続性・冗長性）の確保
方策提起	• 防災対策として、超過外力に対して粘り強く破壊する「粘り強い構造」と多重防御により避難の猶予を稼ぐ • 減災対策として、リスクの見える化等による防災意識向上とプッシュ型・プル型・ブロードバンド型情報発信、関係機関や地域住民も含めた包括的なタイムラインの構築、自主防災組織等による共助等を行う	• 行政・事業者等がBCP構築を推進して被災影響の長期化を抑制 • 首都機能移転の推進、高速道路ネットワーク等によるリダンダンシー確保
新たなリスク	• 地域コミュニティ希薄化、過疎・高齢化進行による共助担い手不足 • 避難中の二次災害	• 橋梁の落橋等重大な被災があると交通ネットワークの迅速な復旧が困難 • 財政逼迫の中での高速道路ネットワーク整備が困難
その対策	• NPOと協働で地域コミュニティが希薄な地域を中心に啓発活動、過疎高齢化進行が顕著な地域は移転も検討 • 二次災害も含めたHM作成、避難訓練等	• 早期復旧が可能な構造に改良していく • 一般道も含めた迂回路等リダンダンシー確保 • 道路の費用便益分析における防災視点の便益効果の導入等

(4) 読みやすい文章を書く力を身につける

最後は答案用紙に文章を書かねばなりません。どれだけ適切なことが書いてあっても、それが適切なロジックのうえで記述されていなければ読んで納得できませんし、それ以前に正しく読みやすい文章になっていなければ書いてある内容が読解できません。

基本的なことは、きちんと章立てして見出しをつけるということです。設問ごとに章を立て、さらにその中で課題ごとあるいは解決策ごとに項目分けしてそれぞれに見出しをつけていくということです。次のようなイメージですね。

1.（出題テーマ）に関する課題
（1）課題1
（2）課題2
（3）課題3
2. 解決策
課題1がこれこれこういう理由で最重要と考える。
（1）解決策1

（2）解決策2
3．解決策の実施に伴う新たなリスク
（1）新たなリスク
（2）その対応策
4．倫理及び持続可能性に関する必要要件
（1）倫理の視点
（2）持続可能性の視点

このようにすることで通読して理解しやすい答案構成にすることができると思われますが、さらに文章が正しく読みやすいものでなければなりません。

後述の問題Ⅱであれば、箇条書き等が有効なこともありますが、ロジック主体の問題Ⅰ・Ⅲでは、箇条書きだけではロジックをうまく表現できません。そうすると、簡潔明瞭で読みやすい文章を書く力が必要になってきます。従来の試験でもそれは必要なことでしたが、令和の試験方式では「コミュニケーション」という評価項目が明示されているので、採点者は読みにくい文章・わかりにくい文章に対してマイナス評価をすることができるようになっています。

文章力を身につける即効的な方法はありませんが、おすすめの方法が2つあります。

1つ目は**レイアウト**です。答案骨子ができたら（あるいは骨子がなくても答案に書く内容がだいたい整理できたら）答案を書いていくわけですが、いきなり文章を書き始めるのではなく、まずレイアウトを概略的に決めましょう。

まず、3枚ある答案用紙の割り振りを決めます。4つの設問にはそれぞれコンピテンシーに基づく評価内容が1つずつ割り当てられていることから相応の配点割り振りがあると考えるべきですが、均等に割り振られているか、もしくは設問1と設問2にやや重み付けをして割り振られているかのどちらかだと思われるので、基本的には設問1と設問2にそれぞれ答案用紙1枚ずつ、そして設問3と設問4で3枚目の答案用紙を半々、もしくは2：1程度で割り振るのが妥当な割り振りだと思います。

そのうえでさらに細かく割り振りを考えます。たとえば設問1であれば、課題3つをどのようにスペースを割り振るかを考えます。答案用紙1枚に3つの項目を書こうとすると、1項目あたり8行前後になると思います。そして、その8行の枠内で問題をあげて分析して課題を導くところまでを書かねばなりませんから、たとえば問題と問題分析で5行前後、課題で3行前後といった割り振りになるでしょう。

なお、「答案用紙1枚に3つの項目」「1項目あたり8行前後」と書きましたが、これは各項目の文章量が同程度であるということが前提になっています。文章量を均等にする必要は必ずしもないのですが、「よく知っていることはたくさん書くけれど、あまり知らないことは少ししか書かない」ということがどうしてもありますよね。ある程度は仕方がないとは思いますが、文章量が少ない部分は内容も薄くなりますから、あまり偏りが大きいと「ほとんど何も書いてないも同然」の項目が出てきてしまい、その項目での得点（特にコンピテンシー「専門的学識」に関する得点）が期待できなくなってきます。そう考えると、課題や解決策を複数あげる場合、できるだけ文章量が偏らないようにしたほうが高得点につながります。そのためにも、レイアウトを先に決めるのは有効だと思われます。

このようにして答案内容の行数割り振りを決めると、「これこれこのような内容を3行で書かねばならない」というように文章の書き方が自ずと決まってきますし、だらだらした長文を書かなくなって、読みやすい答案が書けるようになることが多いのです。

こういったプロセスなしに徒然なるままに文章をだらだら書いていると、まとまりのない文章になってしまうだけでなく、最後のほうでスペースが足りなくなって設問4あたりの内容がほとんどない（すなわち得点が期待できない）答案になってしまいますし、国語力が低い人は文章がねじれてしまったりして論旨が読み取れないような答案になってしまいかねません。そうすると内容の薄い設問に割り当てられている評価内容の得点が低くなるばかりでなく、コンピテンシー「コミュニケーション」の得点も大きく下がってしまいます。

おすすめの方法の2つ目は、**合格答案を読む・引用する**ということです。できれば複数の合格答案を読み、読みやすいと思ったもの、自分の文章の感性に合っていると思うものを選んで、これを「お手本」として文章を書いてみるといいでしょう。言い回しとか言葉の使い方などを「盗む」わけですね。さらには「写す」という作業を繰り返して文章スタイルを身につけて合格した人もいます。

ロジック構成を考えることと、文章を書くことは、自分の頭の中にある答案イメージのアウトプットです。勉強をすること（本書を読むことを含みます）はインプットです。しかし、インプットだけがんばってもアウトプットの練習をしないと高得点を取れる答案は作れません。インプットと同じくらいアウトプットの練習をしてください。

3　問題Ⅰを解くときの注意点

必須科目（問題Ⅰ）対策の最後に、答案を作成するにあたり特に注意していただきたい点をいくつかあげておきます。

（1）出題テーマをしっかり読み取ろう

以下の問題文は、令和元年度建設部門の問題Ⅰ－1です。前文の前半部分に担い手不足になっていることが書かれているのですが、途中から内容が転換して担い手不足を補うような生産性向上が必要であることが書かれており、結局、出題テーマはいかにして生産性を向上させるかであることがわかります。

> 我が国の人口は2010年頃をピークに減少に転じており、今後もその傾向の継続により働き手の減少が続くことが予想される中で、その減少を上回る生産性の向上等により、我が国の成長力を高めるとともに、新たな需要を掘り起こし、経済成長を続け

ていくことが求められている。こうした状況下で、社会資本整備における一連のプロセスを担う建設分野においても生産性の向上が必要不可欠となっていることを踏まえて、以下の問いに答えよ。

(1) 建設分野における生産性の向上に関して、技術者としての立場で多面的な観点から課題を抽出し分析せよ。
(2) (1)で抽出した課題のうち最も重要と考える課題を1つあげ、その課題に対する複数の解決策を示せ。
(3) (2)で提示した解決策に共通して新たに生じうるリスクとそれへの対策について述べよ。
(4) (1)～(3)を業務として遂行するにあたり必要となる要件を、技術者としての倫理、社会の持続可能性の観点から述べよ。

したがって、設問1であげるべき課題は生産性向上に関するものということになります。すなわち生産性を低くしているような問題、あるいは生産性の向上を阻んでいるような問題をあげて、その原因や機構を分析することになります。実際、設問1の問題文には「生産性の向上に関して」と明記されていますよね。

ところが、これを読み取れずに、担い手が不足していることを問題としてあげてしまっている答案が少なくないのです。担い手が不足しているのは生産性の向上が必要であることの背景ですから、生産性向上というテーマからそれてしまいます。

このように問題文をしっかり読み解くことができずに的外れな答案を書いてしまっている人がよくいます。そもそも出題テーマからそれてしまっては、A評価は期待できません。くれぐれも早とちりせず、問題文をしっかり読んで、背景となる記述部分と出題テーマ部分を区別してください。

傾向として、問題文の前文部分の冒頭には経過や背景が書いてあり、それを受けて後半に出題テーマが書いてあることが多いようです。また、設問1の問題文部分には出題テーマが端的に書いてあることが多くあります。

(2) 具体的な事例・施策等を盛り込んで知識をアピールしよう

設問1では問題をあげて分析するわけですが、ここでは実際に発生した事件・事象等の具体的な例示があるとコンピテンシー「専門的学識」（評価内容「基本知識理解」）に関する得点アップが期待できます。たとえば災害がテーマであった場合、近年災害が激甚化していることや毎年のように大規模水害が発生していることを問題とするとき、なぜ・どのような機構で大規模水害が頻発するようになっているのかといった解説や、具体的な水害事例をあげて、なぜ・どのように災害が激甚化したのかといった記述があると、しっかりした知識理解を基盤として書いていることが採点者に伝わります。しかし、このあたりの知識が曖昧だとぼんやりした内容の答案しか書けません。

これは設問2で書く解決策や、設問3で書く新たなリスクも同様です。現実にはさまざまな施策が考えられ実際に取り組まれていたり、その中でさまざまな問題が発生し、さらにそれに対する取り組みもされていたりします。こういったことを十分知らずに、また理解せずに答案を書いてしまうと、ぼんやりした答案になってしまったり、的外れ・独りよがりな内容になってしまったりします。

筆記試験の採点者は、問題作成者から採点にあたっての評価ポイント等をレクチャーされており、さらにはそれをマニュアル化した「採点マニュアル」のようなものを使って、採点者自身のモノサシではなく、問題作成者の視点で（つまり題意に沿って）採点していると思われます。前述した出題テーマをしっかり読み取るということは題意に応えるということですが、さらにその題意は実際の事件・事象などに動機づけられていると思われますから、その具体的な内容を熟知していることを答案に表現することも題意に応えるということになり、「よく知っているな」という評価を得て、評価内容「基本知識理解」での得点アップが期待できます。

したがって、出題されそうな社会的重要テーマを絞り込んだら、それに関わる事件・事象や施策、実際の取り組みなどについて**他人に説明できる程度に理解する**ことを目標にいろいろ調べて勉強してください。

（3） 設問3の指示内容を間違えないようにしよう

令和元年度～5年度の問題Iの設問3では、設問2であげた複数の解決策に共通するリスクをあげよというケースと、共通するという条件がなく、複数の課題に対してそれぞれのリスクをあげればよいケースがありました。さらに、「解決策をすべて実行しても新たに生じるリスク」というように、解決策の実行に伴う二次リスクを問うケースもありました（こういう場合に解決策の実行を阻むリスクを書くと題意に沿っていないことになります）。また、新たなリスクだけでなく解決策の実施に伴う効果などを問うこともありました。コンピテンシーに対応した評価内容は「新たなリスク」なのですが、もともとのコンピテンシーが「評価」ですから、解決策の効果を問うこともあるのかなと思います。

そのように考えると、問われる可能性のある項目として、次の3つを考えておけばよいのではないかと思います。

①解決策の実施に伴って新たに発生する二次的なリスクとその対応
②解決策の実現を阻むようなボトルネックとその対応（解決策の実現性向上策）
③解決策の実現によって期待される効果

いずれにせよ、問われる内容をあらかじめ決めつけてしまわず、試験本番に問題文をよく読んでしっかりと把握することが必要です。

（4）「解決策に共通する新たなリスク」に対応するために解決策を総論→各論の構成で書こう

設問2において複数の解決策をあげる一方で、設問3ではそれらの解決策に共通する新たなリスクをあげようという指示がある場合（そういった問題指示になっていることが最も多い）、「それぞれの解決策に対するリスクが考えられるのだが、複数の解決策にまたがった共通のリスクはなかなか思い浮かばない」という人が少なからずおられます。

そういう場合に備えて、**解決策を総論→各論の構成で書く**ことをおすすめします。たとえば生産性向上がテーマであれば、以下のような構成にします。

（課題）労働集約型生産体制から資本集約型生産体制への転換
（解決策総論）ICTを活用して資本集約型生産体制に転換する
（解決策各論）①UAV測量、②BIM／CIM導入、③ICT建機

こうしておけば、新たなリスクは各論に対するリスクではなく総論に対するリスクを考えればよく、総論はもともとひとつしかありませんから、リスクはおのずと解決策に共通するリスクになるというわけです。

（5）設問4は公共の安全と環境の保全について書くことを基本にしよう

設問4は技術者倫理のコンピテンシーに関する設問なわけですが、コンピテンシーの解説のところで述べたように、公益の確保すなわち公共の安全と環境の保全で答えるのがスタンダードだと思います。

考え方・答え方については前述したように、公共の安全については、公衆の安全・健康・福利を最優先するということになります。すなわち実際の仕事ではいいもの（安全なもの）

を作るというだけでなく、予算の制限や工期などの要求もあるけれど、公共の安全よりそれらを優先することはしないという考え方のことを書けばいいと思います。

さらにいえば、公共の安全より予算や工期などを優先してしまうと、その延長上に構造設計計算書偽装をはじめとするさまざまな反倫理的行為も発生し得るということですね。現実問題、予算を優先して所定の機能を確保しなかったとして、それを正直に言ったりしないでしょうから、嘘をついたり偽装したりするようになると思われます。たとえば構造設計計算書や試験データ等の偽装はその典型例で、公益より私益を優先させたといえます。また「環境の保全」は環境負荷を最小化するということですが、「持続可能性」でもあるので、問題文の「社会の持続可能性」にもまたがりますね。

なお、実際には出題テーマに応じて少し具体的に書いていただきたいと思います。たとえば災害対策であれば防災インフラ整備において、維持管理であれば補修補強において、対象インフラの性能確保を間違いなくすることが公共の安全になるわけですが、予算の制限があるような場合でも機能確保より予算を優先したりはしないということですね。さらに維持管理において手が足りなくて点検ができておらず、安全性を保っているかどうかわからない施設があるとすれば、公共の安全を優先するのなら利用制限をかけることも考慮すべきだということになります(もっとも、それによって発生する利便性低下等の問題との相反を十分検討する必要はありますが)。

環境の保全のほうは、目的とするインフラ整備等を行うときに、環境にも配慮するということです。土木工事は大気汚染(温暖化ガス排出)や水質汚濁(濁水)、騒音振動などの環境負荷を生じるので、そのことを書いてもいいですし、生態系や景観への影響を最小限に留めるようにするといったことでもいいでしょう。グリーンインフラの活用等に言及してもいいかと思います。

以上のようなことを踏まえ、前出の令和元年度建設部門問題Ⅰ－1の答案例を次ページ以下に示します。

1．生産性向上のための課題

(1) 資本集約型生産体制への転換

建設業は現場状況に合わせて最適化する一品受注生産であること、建設投資が抑制されていた時期に労働力が過剰供給気味であったことなどから、生産性の低い労働集約型生産体制が変わらずに続いている。そこで生産性の高い資本集約型生産体制に転換すべき（すなわち機械化を進めるべき）である。

(2) 全体最適化の導入

現場ごとに地形地質条件や荷重応力条件等が異なる中で、現場ごとに最適化した一品受注生産となっており、コンクリート工を中心に部材量産による効率化が期待できる二次製品の活用が少なく現場打ちが主体となっており、生産性向上を阻んでいる。そこで、例えばコンクリート工におけるプレキャスト永久型枠やプレハブ鉄筋の導入など、二次製品を積極的に活用して全体最適化を図るべきである。

(3) 施工時期の平準化

公共事業の多くが単年度事業であるため発注時期が偏り、そのため施工時期も繁忙期と閑散期が明確になって重機や作業員等のリソースが有効に活用されず、生産性の向上を阻んでいる。そこで２年国債等を活用して発注施工時期の平準化を図るべきである。

2．資本集約型生産体制への転換のための解決策提案

生産性向上効果が最も大きいと思われる課題１（資本集約型生産体制への転換）を最重要課題とする。

近年急速に発展しているICTを建設工事にも取り入れて機械化することが有効であると考える。

以下、機械化による生産性向上効果が高いと思われ

る土工を例にとって具体策を述べる。
(1) UAVを活用した効率的な測量等
　地形測量及び施工後の出来形測量を基本的にUAVにより行う。これにより作業時間の大幅短縮や作業安全性を確保しつつ詳細な三次元地形情報を得ることができる。また従来の縦横断測量における横断測線間の地形変化による施工時現場合わせの最小化が期待できる。
(2) BIM/CIMの導入
　三次元地形データの上に三次元モデルに属性情報を含めたCIMにより設計情報を重ねる。これにより三次元的に複雑な箇所も含め高品質の設計が期待できるとともに、構造物形状に加えて物性値等の属性情報も工事・維持管理段階に引き継いでいくことで、高品質かつ効率的なライフサイクルメンテナンスが期待できる。
(3) ICT建機による施工
　現況地形及び計画形状の三次元データをICT建機に読み込み、GPS/GNSSを利用したマシンガイダンス／マシンコントロールにより無丁張で半自動的に施工を行う。これにより施工のスピードアップ、オペレーター熟練度に依存しない施工品質確保、補助作業員との接触事故リスク低減等安全性向上が期待できる。
3. 解決策に共通して新たに生じうるリスクと対策
(1) ICT導入経費負担
　ICT導入には相応の経費を要するため経営基盤が脆弱な中小企業では導入遅れによる競争力低下、ひいては建設業界の衰退と災害対応・維持管理体制の脆弱化が懸念される。そこでICT重機の導入やレンタルに関する経費の一部を積算に組み入れるなど、中小企業のICT導入を支援する補助的制度充実等が考えられる。

(2) 基準等の整備

ICT土工の適用判断やその内容等について判断基準・管理基準がない状況では経費や施工期間が増大し、かえって生産性が低下するリスクが考えられる。そこでICT土工等のi-Constructionにおける基準等の整備を進め、適切な規模・内容での導入活用を促す。

4. 倫理や社会の持続可能性に関し必要となる要件

倫理に関しては公共の安全確保を最優先に考え、インフラ性能・品質よりコストや工期を優先してデータや計算書等の改ざん等の反倫理的行動はしない。そのためには倫理教育徹底等に加え、改ざん等が行えないような仕組み・システムの構築も有効であると考える。

社会の持続可能性に関しては、地球環境や生態系を含む環境への負荷を最小化するよう配慮する。例えば機械化促進においては低騒音・低振動重機や温暖化ガス排出の少ない重機を選定するなどの環境保全措置を講ずる。

5章

二次選択科目（問題Ⅱ・Ⅲ）は求める資質に応じた答案を書き分けよう

1 問題Ⅱは体系的知識と実務能力の勝負

選択科目は受験科目ごとに用意された問題を解くもので、次ページ表のような内容の問題Ⅱ及び問題Ⅲからなります。

問題Ⅱ・問題Ⅲとも答案用紙3枚ずつで、配点はそれぞれ30点ずつです。すなわち答案用紙1枚あたり10点という感覚ですね。

そして、試験時間は13時から16時30分までの3時間30分で、この中で問題Ⅱと問題Ⅲをまとめて解きます。つまり、最初に問題Ⅱと問題Ⅲの問題用紙と答案用紙がまとめて配られ、休憩時間なしで（途中でトイレに行くくらいはできます）解いていきます。

3時間30分ぶっ通しのロングランの中で問題Ⅱ-1・Ⅱ-2・Ⅲの3問を解き、答案用紙6枚を埋めなければならないわけですが、午前中の問題Ⅰは2時間かけて1問だけ、答案用紙枚数も3枚でしたから、それに比べるとはるかに忙しく時間がありません。つまり、解答する順序や時間の割り振りをしっかり管理しないと、最後で時間が足りなくなってしまいかねません。

選択科目の内訳

問題	出題・選択問題数	答案用紙枚数	配点		試験時間
Ⅱ-1	4問中1問	1枚	10点	30点	13:00~16:30
Ⅱ-2	2問中1問	2枚	20点		
Ⅲ	2問中1問	3枚	30点		

そこで、**開始直後にまず全問題に目を通して、解答順序を決めるとともに時間割り振りをする**ことをおすすめします。

解答順序は、解きやすそうな問題から片付けていくといいでしょう。もし、そういった順序づけが明確にできなければ、問題Ⅱと問題Ⅲのうち比較的得意なほうを先にやるとよいでしょう。問題Ⅱは体系的な専門技術的知識あるいは実際の業務における実務遂行能力を確認する問題ですので、専門技術力を発揮して実務に従事しておられる方が得意ではないかと思います。

一方、問題Ⅲは人口減少・少子高齢化や災害激甚化、あるいはインフラ老朽化といった社会経済的な重要課題に関して、行政施策も含めてどのように対応していくべきかといった考察を求められるので、公務員技術者の方や組織管理などに携わっている方が得意ではないかと思います（あくまで一般論ですので、ご自分がどちらの問題のほうが得意かを過去問題などでしっかりと把握しておいていただきたいと思います）。

なお、問題ⅡはⅡ-1とⅡ-2があるわけですが、Ⅱ-2を先にやって、その後でⅡ-1をやったほうがいいでしょう。問題Ⅱ-2は答案用紙の枚数が問題Ⅱ‐1の2倍ですから配点も2倍なのと、答えるべき内容が複雑なので答案作成に時間がかかります。これを後回しにしてしまうと、残り時間が少ない中で答案を練り上げる時間がなくなってしまいかねません。Ⅱ‐1とⅡ‐2があると、なんとなく数字の順にⅡ‐1からやってしまいそうですが、逆にしたほうがいいと思います。

時間割り振りは、問題Ⅱ・Ⅲ全部で6枚の答案を作るので、答案用紙1枚あたり30分と考えて、問題Ⅱ‐1に30分、問題Ⅱ‐2に60分、問題Ⅲに90分がおすすめです。こうすると全部で180分、すなわち3時間になりますから30分の余裕ができます。もちろん、これらの時間は厳守しなければならないというようなものではなく、単なる時間配分の目安に過ぎません。時計を時々見ながら予定よりも進んでいるとか予定よりも遅れているといった状況を把握し、「このあたりで早めに切り上げて次の問題に進もう」とか、「時間に余裕があるからじっくりロジックを練り上げよう」というように時間調整しながら解き進んでいくのです。

これだけのことですが、何の目安もなしに「1問終わったら、次の問題に進む」というだけの無計画な答案作成とは雲泥の差だと思いますよ。

以上のようにして計画的に問題Ⅱ・Ⅲを解いていっていただきたいのですが、ここでは

問題Ⅱの内容

1．「選択科目」についての専門知識に関するもの

概　念	「選択科目」における専門の技術分野の業務に必要で幅広く適用される原理等に関わる汎用的な専門知識
出題内容	「選択科目」における重要なキーワードや 新技術等に対する専門知識を問う
評価項目	技術士に求められる資質能力（コンピテンシー）のうち、専門的学識、コミュニケーションの各項目

2．「選択科目」についての応用能力に関するもの

概　念	これまでに習得した知識や経験に基づき、与えられた条件に合わせて、問題や課題を正しく認識し、必要な分析を行い、業務遂行手順や業務上留意すべき点、工夫を要する点等について説明できる能力
出題内容	「選択科目」に関係する業務に関し、与えられた条件に合わせて、専門知識や実務経験に基づいて業務遂行手順が説明でき、業務上で留意すべき点や工夫を要する点等についての認識があるかどうかを問う
評価項目	技術士に求められる資質能力（コンピテンシー）のうち、専門的学識、コミュニケーションの各項目

まず問題Ⅱについて解説します。問題Ⅱは専門知識及び応用能力を問う記述問題ですが、受験申込案内によると、内容は上表の通りです。

また、79ページに示す表及び次ページ表のように、問題Ⅱにおける評価項目は5項目であり、各問題・設問への評価項目割り振りも決まっています。

以下、コンピテンシーごとに評価項目について解説します。

問題Ⅱで確認される評価項目

コンピテンシー	評価内容	割当設問	
		問題Ⅱ-1	問題Ⅱ-2
専門的学識	基本知識理解	全体	
	理解レベル	全体（基本）	設問1（業務）
マネジメント	業務遂行手順		設問2
リーダーシップ	関係者調整		設問3
コミュニケーション	的確表現	全体	

(1) 専門的学識（評価内容「基本知識理解」：問題全般に適用、及び評価内容「理解レベル」：問題Ⅱ-1全体及び問題Ⅱ-2の設問1に適用）

- 技術士が専門とする技術分野（技術部門）の業務に必要な、技術部門全般にわたる専門知識及び選択科目に関する専門知識を理解し応用すること
- 技術士の業務に必要な、我が国固有の法令等の制度及び社会・自然条件等に関する専門知識を理解し応用すること

問題Ⅰ・Ⅲは「基本知識理解」だけの評価内容なのですが、問題Ⅱでは「理解レベル」という評価内容も加わってきます。これは問題Ⅱ-1では「基本」すなわち教科書的な理解、問題Ⅱ-2では「業務」すなわち実務的な理解を問うものになっています。

（2）マネジメント（評価内容「業務遂行手順」：問題Ⅱ－2の設問2に適用）

・業務の計画・実行・検証・是正（変更）等の過程において、品質、コスト、納期及び生産性とリスク対応に関する要求事項、又は成果物（製品、システム、施設、プロジェクト、サービス等）に係る要求事項の特性（必要性、機能性、技術的実現性、安全性、経済性等）を満たすことを目的として、人員・設備・金銭・情報等の資源を配分すること

コンピテンシー定義では要求事項を満たすためのリソースの最適配分というような意味になりますが、筆記試験（問題Ⅱ－2）では評価内容が「業務遂行手順」になっていることを踏まえると、さまざまな制限（たとえば予算や工期の制限、業務現場の空間その他の制約など）がある中で、どういった手順で業務を進めるかということになると判断されます。実際、問題Ⅱ－2の設問2は「業務を進める手順について、留意すべき点、工夫を要する点を含めて述べよ」という内容になっています。

詳細については問題Ⅱ－2の解説のところ（本章3項）で述べます。

(3) コミュニケーション(評価項目「的確表現」:問題全般に適用)

- 業務履行上、口頭や文書等の方法を通じて、雇用者、上司や同僚、クライアントやユーザー等多様な関係者との間で、明確かつ効果的な意思疎通を行うこと
- 海外における業務に携わる際は、一定の語学力による業務上必要な意思疎通に加え、現地の社会的文化的多様性を理解し関係者との間で可能な限り協調すること

これは、「読みやすい、正しい日本語の文章を書くこと」と思っておけばいいでしょう。また、1項目めの「雇用者、上司や同僚、クライアントやユーザー等多様な関係者との間で、明確かつ効果的な意思疎通を行う」というのは、次のリーダーシップの内容と密接に関係してきますから、リーダーシップに関する答案(問題Ⅱ-2の設問3答案)内容が不適切だと、こちらのコミュニケーションに関する得点もダウンする可能性があります。

(4) リーダーシップ(評価内容「関係者調整」:問題Ⅱ-2の設問3に適用)

・業務遂行にあたり、明確なデザインと現場感覚を持ち、多様な関係者の利害等を調整し取りまとめることに努めること
・海外における業務に携わる際は、多様な価値観や能力を有する現地関係者とともに、プロジェクト等の事業や業務の遂行に努めること

コンピテンシー定義は2項目ありますが、2項目めは海外業務の場合ですので、筆記試験においては1項目めだけ考えておけばいいでしょう。

「多様な関係者の利害等を調整し取りまとめる」はわかりやすいと思うのですが、「明確なデザインと現場感覚を持ち」のところが少々わかりにくいですね。この場合の「デザイン」は成果物のデザイン（見た目の形状や色彩など）ではなく、業務デザインすなわちどのようにして業務を進めていくかという全体把握だとお考えください。そして「現場感覚」は、「実際の現場でこのようなことをするとこういった影響（専門技術的な影響だけでなく、たとえば環境負荷や事故リスク、関係者トラブルなども含む）があるだろう」というような、熟練者ならではの見通しのようなものをお考えいただければと思います。

詳細については問題Ⅱ‐2の解説のところ（本章3項）で述べます。

2 問題Ⅱ－1は体系的知識を一枚答案に表現

問題Ⅱ－1については3つのポイントがあります。これについて、実際の合格答案例なども参考にしながら解説していきます。

(1) 教科書的知識を書く

問題Ⅱ－1は、評価内容が専門知識のみ、それも理解レベルが「基本」なので、教科書的な専門知識、すなわち「どのように定義づけられているか」「どのように言われているか」を書くようにします（そういった専門知識を実際の業務の場でどのように活用するかは応用能力として問題Ⅱ－2で問われることになります）。

(2) 体系的知識をアピールする

個別の手法・工法・製品などをただ羅列するのではなく、考え方ごとに整理して、その中に個別工法などを位置づけて記載します。たとえば、軟弱な地盤上に道路や造成地など

圧密沈下対策工法の分類図

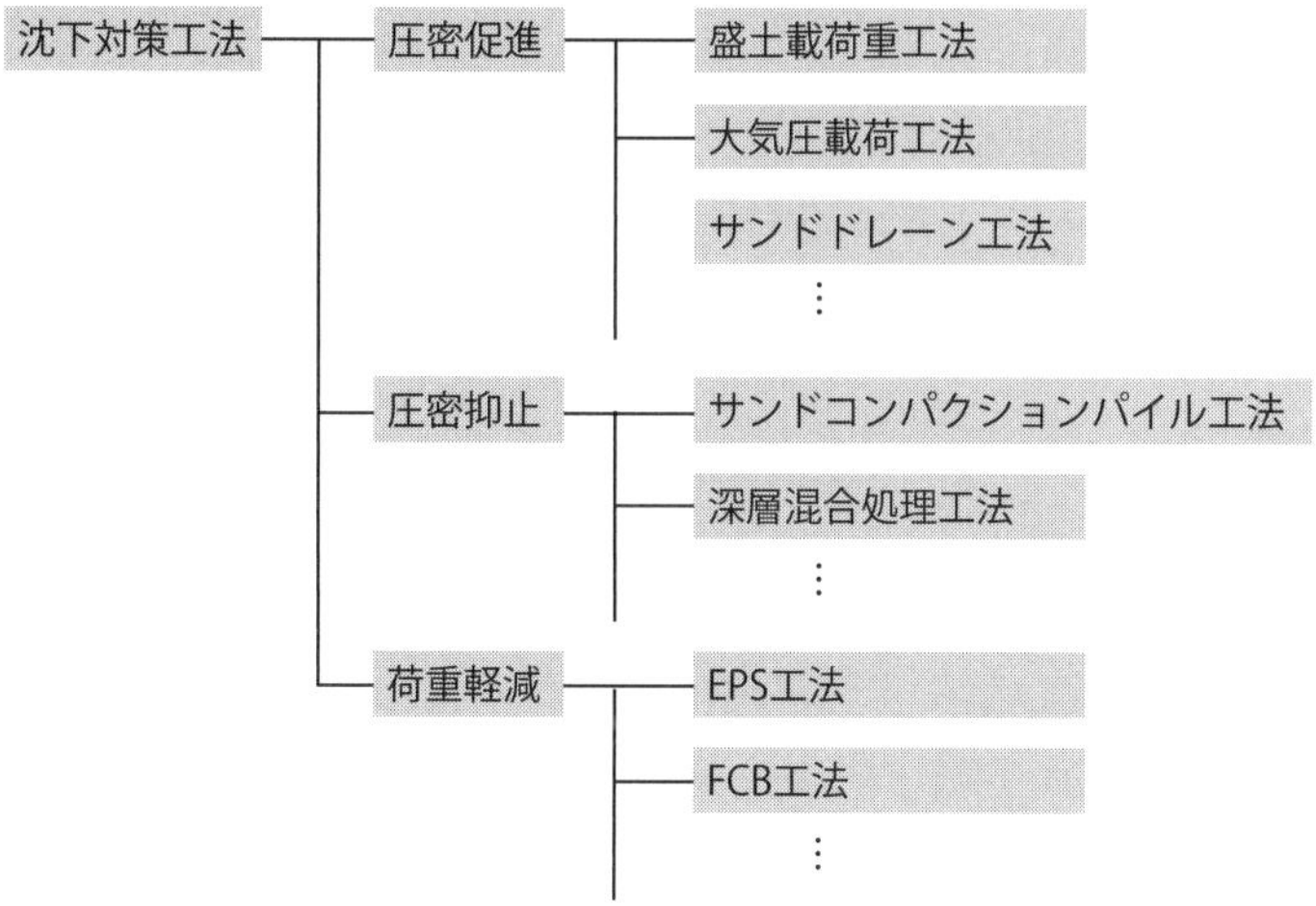

を作るために土を盛ると、その土の荷重で基礎地盤が沈下する「圧密沈下」という現象が起こるのですが、その対策工法を整理した例が上図です。

沈下対策工法には３つの考え方があります。いっそ沈下を人工的に促進して早期に終わらせてしまう方法、沈下が起こらないように地盤を強くする方法、沈下の原因である荷重を小さくする（軽くする）方法です。そしてそれぞれの考え方ごとに、数多くの具体的な工法があります。

数多くの工法をただ羅列するのではなく、図のように考え方ごとに整理して、その中に個々の工法を位置づけて記載すると、バラバラの断片的な知識ではなく、技術体系の中に位置づけられた体系的な知識であることをアピールでき、評価も上がります。

また、個々の知識を羅列している場合、その知識そのもの（たとえば沈下対策工法の具体的名称）を知っているということでしか評価してもらえませんから、工法の名称を間違っているともうだめですが、技術体系の中で整理してあると、全体としての知識体系が評価されるので、個々の工法名称が多少間違っていても大きく減点されません。

（3）読みやすくバランスのよい「一枚答案」を書く

問題Ⅱ－1の大きな特徴は、「一枚答案」だということです。つまり、採点者が答案用紙を見るとき、最初から最後までが一枚の答案の上に見渡せます。こういった「一枚もの」にはリーフレットなどがありますが、ここで重要なのは一覧性、すなわちざっと見渡して内容がすっと把握できるかどうかです。

試験答案はプレゼン資料ではないと思われるかもしれませんが、実際の答案の採点は、限られた時間の中での通読採点である可能性が高いと思われるため、答案をざっと通読したときの理解度の差が得点差となって現われてきて、特に一枚答案ではそれが顕著になると私は考えています。これは単なる想像ではなく、これまで合格してきた人たちのA評価答案を数多く見てきた経験に基づく推定です。

それでは、実際のA評価答案事例をあげて解説していきます。次ページ答案をご覧ください。

「土留め（山留め）掘削における盤ぶくれ発生メカニズムについて説明せよ」「盤ぶくれ防止策を3つあげ、それぞれの概要と適用における留意点を説明せよ」という大きく2つの指示があり、さらに盤ぶくれ防止策には「3つあげ」という数の指定があるわけですから、これから必然的に答案の構成が決まってきます。すなわち、

1．土留め掘削における盤ぶくれ発生メカニズム

2．盤ぶくれ防止策の概要と適用における留意点

①1つ目の防止策

・概要

・適用における留意点

②2つ目の防止策

・概要

・適用における留意点

③3つ目の防止策

問題Ⅱ-1-3（平成29年度建設部門土質及び基礎科目）のA評価答案例
（提供：てっていさん）

（問題文）

土留め（山留め）掘削における盤ぶくれ発生メカニズムについて説明せよ。また、盤ぶくれ防止策を３つあげ、それぞれの概要と適用における留意点を説明せよ。

１．土留め掘削における盤ぶくれ発生メカニズム
　盤ぶくれとは、掘削底面に難透水層が存在し、その下に被圧帯水層が存在する場合、被圧水による上向きの揚圧力が発生し、掘削底面が持ち上げられる現象である。

　揚圧力が土被り圧を上回った場合に盤ぶくれが発生する。

２．盤ぶくれ防止対策の概要及び適用の留意点
① 地下水の低下
　ディープウェル工法により、地下水を低下させ、難透水に作用する揚圧力を低減させる。

　適用にあたっては、周辺井戸に渇水・水位低下等の影響がないか留意する。
② 土留め壁の根入れを長くする
　被圧帯水層の揚圧力を低減させるため、その下の難透水層まで根入れを長くし、地下水の供給を止める。

　適用にあたっては、下部難透水層の深度を把握し、根入れ不足が生じないように留意する。
③ 地盤の剛性を上げる
　掘削底面以深を地盤改良することにより、地盤の剛性を高め、盤ぶくれを防止する。

　適用にあたっては、掘削底面以深の地盤を把握し、改良深度を検討する必要がある。

・概要
・適用における留意点

という構成ですね。このように、答案用紙1枚であってもダラダラ書きにせず、きちんと章立てして、それも問題文に従って答案を構成することによって読みやすく、また問題文で問われている項目を落とさずにあげることができます。

そしてA評価答案を見ると、答案用紙の中で偏りなくボリューム配分がなされています。特に(2)防止策の概要と留意点は、実際の答案用紙では概要に2行、留意点に2行を均等に割り当てて、「こんなことをする。適用にあたってはこういうことに留意する」といった内容を関係明瞭に記しています。

対策や手法などについて2つあるいは3つ並列にあげるような場合、よく知っているものについてはたくさん記述して、あまり知らないものについては少ししか書かないということがよくあるのではないかと思います。

その一方で、前述したように採点者は問題作成者から引き継いだ出題意図や採点マニュアルといった採点基準に沿って採点していると思われます。そして問題Ⅱ－1のように知識を確認する問題では、この採点基準はキーワードのようなものだと思われます。つまり、採点者は答案全体から理解度を評価しているというよりも、**答案の中からキーワードを探して、その数や内容の妥当性によって評価しているのが主である**と推定されます。そうすると、よく知っているからといって必要以上に記述しても評価されるキーワードの数はあまり伸びず、逆によく知らないからといって記述量が少ない項目についてはキーワードの取りこぼしが多くなって、結果的にあまり得点が伸びない答案になってしまうと思われます。

このように考えると、できるだけ均等に書いた答案のほうが結果的に得点は高くなるのではないかと思われます。

そういったことを踏まえて、問題内容から答案の構成が決まったら、それぞれにどの程度の文字数・行数を当てはめるかをざっと決めて、その文字数・行数に合わせて答案文章を書いていくことをおすすめします。つまり、内容を考える前にレイアウトを考えるのです。同様のことは問題Ⅰのところでも述べましたが、この「枠・レイアウトを先に決めて、その枠に合わせて文章内容を考える」ことは、簡潔明瞭な文章を書くために極めて有効ですので、ぜひ身につけてください。

なお、問題Ⅰでは問題解決ロジックの表現が重要ですから、「これこれこうだから、こうするとよい」といったロジック展開が非常に重要なのですが、問題Ⅱではコンピテンシー「問題解決」は評価項目ではありませんので、こういったロジック展開は必要なく、答案は箇条書きなどを多用してかまいません。むしろ長々と文章が書いてあるのではなく、箇条書きなどで簡潔明瞭に項目があげてある答案のほうが、採点基準であるキーワードを探しやすいのではないかと思われます。

このことをさらに推し進めると、図表の活用もおおいに有効だということになります。これもA評価答案事例をあげてみましょう。次ページ答案をご覧ください。

図で解説することで、静止・主働・受働の３つの土圧について正しく理解していることが端的に伝わります。もちろん、こういった図はその場で考えて描けるものではありません。テキスト類の解説図を、その内容までしっかり理解しながら読んで勉強したからこそ、空で描けるようになっているのです。そしてそういった勉強の蓄積が、試験の場でこういった図をさっと書けることにつながっているのだと思います。

答案用紙がマス目だからといって「文章を書かなければならない」わけではありません。図や表は積極的に使っていただいてかまいません。

ただし、無理に図や表を書く必要はありません。そのために時間がかかってしまっては逆効果です。日頃の勉強や業務の中で使い慣れたものがあったら書くとよいということです。なお、図や表を書いた場合、その中では答案用紙のマス目は無視してかまいません。

問題Ⅱ-1-4（平成29年度建設部門土質及び基礎科目）のA評価答案例
（提供：mamaさん）

（問題文）

構造物の側面に作用する静止土圧、主働土圧、受働土圧について説明せよ。解答にあたっては、想定される構造物やその屑辺地盤の動きを踏まえつつ、その土圧がどのような構造物の設計において用いられるかについても説明すること。


土圧は擁壁等の抗土圧構造物の設計に用いられる。

３つの土圧について、図１の擁壁の変位と土圧の関係、及び擁壁の移動のイメージ図を示す。
・主働土圧は、擁壁が土に押される（土は擁壁を押す）方向に移動したときに発生する土圧である。
・受働土圧は、土が擁壁に押される方向に変位したときに発生する土圧である。
・静止土圧は、構造物の水平変位が生じないときの土圧である。
土圧の算定方法には、ランキンの土圧論、クーロンの土圧論があり、ランキンの土圧論は、構造物の背後地盤全体が破壊に達した状態を仮定して土圧を導き出す。これに対し、クーロンの土圧論は、壁の背後地盤がくさび上にすべり状態を仮定して力のつり合い状態から土圧を導き出すものである。

クーロンの土圧論は、ランキンの土圧論に比べ式が複雑であるが、構造物背面が傾斜している場合や背後地盤が傾斜している場合でも算定出来るので適用性が広い。

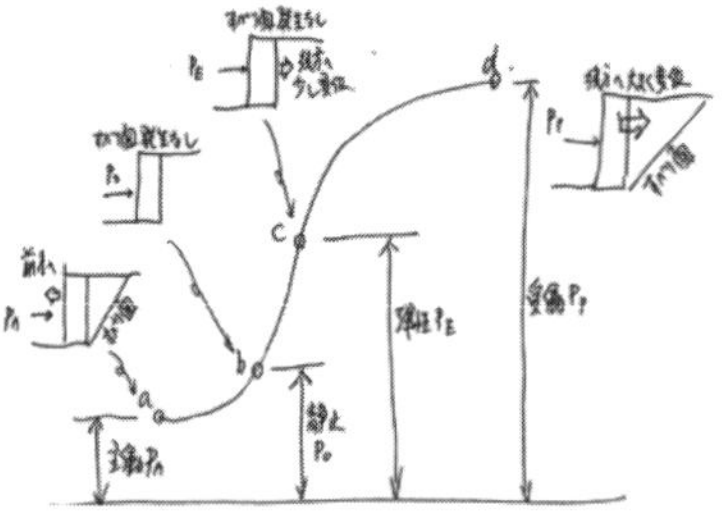
図１　擁壁の変位と壁面土圧の関係

以上のように、問題Ⅱ－１の問題作成方法は、以下の手順になります。

①問題文に合わせて章構成を決めます。

②構成が決まったら一枚だけしかない答案の上でレイアウトを決めます。それぞれの行割り振りは、大体この程度書くかなという程度でさっくりと決めます。なお、このときにタイトルを薄い字で書いてしまってもいいでしょう。レイアウトが決まると「この程度の枠内で書くんだな」というイメージができます。

③次に書く内容を決めていきます。文章を考えるのではなく、キーワードとして何を書けばいいかをまず考えます。キーワードは問題用紙の余白などに書いておけばいいでしょう。

④キーワードが決まったら、答案用紙にできるだけ短い文章で答案を書いていきます。短い文章で簡潔明瞭に書くのがいいですが、箇条書きで簡単に書いてもかまいません。逆に何行にもまたがるだらだらとした長文は書かないようにします。

⑤図表が使える場合は積極的に使うといいでしょう。ともかく「一枚答案」なので、ぱっと一覧して読みやすい答案を作りましょう。

3 問題Ⅱ‐2は業務計画書を作る感覚で

問題Ⅱ‐2は3設問から成り、146ページに示したように、設問1でコンピテンシー「専門的学識」に関して「理解レベル（業務）」、設問2で「マネジメント」に関して「業務遂行手順」、設問3で「リーダーシップ」に関して「関係者調整」が評価内容になっています。

そこで、まず設問ごとにどのようなことが問われ、どのように答えるべきかについて、A評価答案例を参考にしながら解説していきます。

（1）設問1は調査・検討項目を漏れなくあげる

出題内容（仮想事例であることも多い）については、「調査、検討すべき事項とその内容について説明せよ」という設問文での出題が予想されます。応用能力の「与えられた条件に合わせて」という出題内容も踏まえれば、以下のような点がポイントになると思います。

・教科書的答えを基本とするが、問題文によって与えられた条件に合わせて、過不足のな

い 調査・検討項目をあげる

建設部門道路科目の２０１９（令和元）年度問題Ⅱ－２－１を例に取ってみましょう。

> Ⅱ－２－１　ある市街地の生活道路（地区に住む人が地区内の移動あるいは地区から幹線街路に出るまでに利用する道路）において地区に関係のない自動車の走行やスピードの出しすぎなどの問題が発生しており、交通安全対策（ゾーン対策）が検討されている。この対策の担当責任者として、下記の内容について記述せよ。
> (1) 調査、検討すべき事項とその内容について説明せよ。
> (2) 業務を進める手順について、留意すべき点、工夫を要する点を含めて述べよ。
> (3) 業務を効率的・効果的に進めるための関係者との調整方策について述べよ。

問題文には数多くの付与条件が書かれていますが、つまりは地区に住む人が生活に使う道路なのに、部外者が抜け道としてスピードを出して通過していくので危ないということが問題視されているようですね。こういった全体のシチュエーションを手早く読み取る必要があります。

そしてそのうえで、専門知識や業務経験を動員して、調査・検討項目をいかに漏れなくあげられるかが勝負になってきます。

この業務であれば、通過交通やスピードの出しすぎが問題になっているのですから、通過交通の台数や速度といった情報が必要ですし、交通安全の問題なのですから事故履歴も調べないといけませんよね。そして生活道路が対象ですから、自動車だけでなく自転車・歩行者の交通量や通勤通学等の状況も調べておかねばならないでしょう。また検討項目として、通過交通が流入する原因や速度超過になる原因を調べ、それに対応した検討（たとえば線形や横断構成、制限速度、ハンプ等）が必要になってくるでしょう。このように、付与条件にマッチした調査・検討項目をできるだけ漏れなくあげる必要があります。

したがって答案は、

①調査・検討項目の1つ目

1つ目の項目の解説

②調査・検討項目の2つ目

2つ目の項目の解説

③調査・検討項目の3つ目

3つ目の項目の解説

という構成になってくるでしょう。解説部分は箇条書きでもかまわないと思います。

（2）設問2は調査手順を漏れなくあげる

前述のように、コンピテンシーとしてはリソースの最適配分が基本なわけですが、評価内容は業務遂行手順であり、問題文では「業務を進める手順について、留意すべき点、工夫を要する点を含めて述べよ」という指示がなされると予想されます。

したがって、出題された業務等における業務遂行手順を書くことを基本として、付与条件を踏まえて留意点や工夫点を盛り込んでいくことが求められると思われます。

すなわち、品質・コスト・納期のバランスのとれた（つまり、「こんな内容で業務品質は大丈夫か？」とか、「こんなことをしたらコストがかかりすぎるんじゃないか」「これでは納期が守れないのではないか」といった懸念を抱かせずに）、顧客要求・社会的要求を満たすような成果を出せるだろうなと思うような内容、そういうことが可能と思えるような手順やリソース配分になっているということが求められるわけですね。

答案としては業務遂行手順が基本なのですから、

①最初にやるべきこと
やるべきことの内容と留意点や工夫点
②次にやるべきこと
やるべきことの内容と留意点や工夫点
③その次にやるべきこと
やるべきことの内容と留意点や工夫点
…

というように実施順に書いていくことが基本で、たとえば実施手順フローを書いてもいいと思います。そしてその中に留意点や工夫点を含めるということですね。

なお、ここで注意すべきことは、あくまで業務遂行手順が中心で、留意点や工夫点は中心ではなく、手順の中に含める・書き添えるということです。

そして、ここでも付与条件から見て「これを外しちゃだめだろう」と思われるような手順がないことが大事です。特に実務においては専門技術的手順だけを踏んでいけばいいことは少ないですから、ステークホルダー調整なども手順の中に含めつつ（あるいは留意点としてあげつつ）、実現性の高い手順とすることが評価のポイントになってくると思います。

つまり、地に足のついた、現実的な提案ができることが大事で、技術的に高度であっても実現性のないような提案ではいけないということです。

（3）設問3はステークホルダーを漏れなくあげる

問題文では「業務を効率的・効果的に進めるための関係者との調整方策について述べよ」という指示がなされると予想されます。したがって、出題された業務におけるステークホルダー（クライアントや一般住民、関係機関など）との調整をどうするかといったことです。ですから、まずはステークホルダーを漏れなくあげられることが望まれますし、調整に際しては、技術者なのですから、「誠心誠意説明する」「粘り強く説得する」などではなく、技術的な調整、たとえば「交通量の多い道路上での施工なのでこういう工夫をする」といったように、問題文の付与条件から想像される制約にどう技術的に対処するかといったことを書けばいいでしょう。

以上のように、問題Ⅱ-2は仮想業務事例あるいはそれに近いような問題が与えられ、**実務として滞りなく遂行できるか、「この人にこの業務を任せても抜け落ちやトラブルなく順調に遂行できるか」**という視点で評価されるとお考えください。

このように考えると、類似業務経験があるかどうかで大きな差がついてしまうことが考えられます。そういう点で運不運がかなりあるのですが、後述するように出題テーマはある程度予想できるので、たとえ実際の業務経験がなくとも、高評価を得られる答案を書けるようにいろいろと勉強して準備しておくことは可能だと思います。

それでは、問題Ⅱ－2のA評価合格答案例を次ページ以下にあげて、解説していきましょう。

設問1の調査・検討すべき事項については、3つに分類整理するとともに、それぞれの分量も同程度にしてあるので、体系的に整理された印象を受けるとともに読みやすくなっています。問題文には「事項とその内容」とあるのですが、各項目のタイトルが「事項」、文章が「内容」に当たります。もちろん押さえるべき項目は押さえられています。

設問2の業務を進める手順については、事前調査→対策立案→効果確認とステップごとに項目を割り当てて書いてあります。また「こういう場合はこうする」という形で留意点・工夫点にも触れています（ここはもっと明確にしたほうがいいと思いますが）。そしてこの記述内容からしっかりした専門技術力があることが読み取れます。おそらく採点にあたって参照しているキーワードがかなり拾えているものと思われます。

問題Ⅱ-2-1(2019(令和元)年度建設部門道路科目)のA評価答案例
(提供:N.S.さん)

(問題文)
ある市街地の生活道路（地区に住む人が地区内の移動あるいは地区から幹線街路に出るまでに利用する道路）において地区に関係のない自動車の走行やスピードの出し過ぎなどの問題が発生しており、交通安全対策（ゾーン対策）が検討されている。この対策の担当責任者として、下記の内容について記述せよ。
(1) 調査、検討すべき事項とその内容について説明せよ。
(2) 業務を進める手順について、留意すべき点、工夫を要する点を含めて述べよ。
(3) 業務を効率的・効果的に進めるための関係者との調整方策について述べよ。

１．調査・検討すべき事項

①生活道路のネットワーク状況や構造

地区に関係のない自動車の走行ルートや交通安全対策を立案するために、生活道路のネットワーク状況や道路構造（幅員、線形、縦断勾配、横断勾配など）を調査する。

②生活道路の交通特性

生活道路の時間別、平日休日別の自動車交通量、自転車交通量、歩行者交通量や自動車の実勢速度、事故発生箇所や事故の状況についても調査し、生活道路の交通特性を把握する。

③生活道路の交通規制状況

生活道路における速度規制の状況やスクールゾーンの指定、一方通行指定などを調査し、交通安全対策立案の際に考慮する。

２．業務を進める手順

①事前調査

生活道路のネットワーク状況や構造、交通特性、交通規制状況等を現地調査または資料調査により事前に把握する。

ＥＴＣ２．０プローブデータが利用できる場合は、走行挙動履歴からヒヤリハット箇所を分析し、交通安全対策について検討する。

②交通安全対策の立案

事前調査結果に基づき、最も効果的な交通安全対策を立案する。対策例としてはハンプ、シケイン、ライジングボラードなどがあげられる。

生活道路の利用者の状況やバリアフリー推進計画等を考慮し、横断舗装にハンプを設置する場合は歩道に段差のないスムース歩道の採用についても検討する。

また、対策効果を事前に把握する必要がある場合は社会実験の実施についても検討する。たとえばハンプであれば可搬式ハンプの設置や、シケインであればラバポールの設置などがあげられる。

③交通安全対策の効果の確認

交通安全対策の効果を確認するため、対策実施後の交通状況を調査し、事前調査の結果と比較分析する。期待した効果が得られなかった場合は追加の安全対策について検討する。

3．関係者との調整方策

業務を効率的・効果的に進めるためには、計画段階から道路管理者、交通管理者、地元住民で構成される協議会を立ち上げることが有効である。

なぜなら、協議会を通じて地元住民にアンケート調査を依頼したり、交通管理者に事故調書の提供などを依頼できる。また立案した安全対策について検討段階から協議会で議論することにより、速やかな合意形成を図ることができると考えられるからである。

設問3の関係者との調整方策では、「道路管理者、交通管理者、地元住民」というようにステークホルダーを具体的に記しているとともに、協議会の設立根拠もリアリティをもって（おそらく実務の中で会得したのであろうと思えるような内容で）書けています。

そして答案の構成は、

・問題文の設問構成に従って章構成を立て（問題文が3設問構成なので、答案も3章構成にするとともに、それぞれのタイトルは問題文の文言を流用し、読み手（採点者）が迷わないようにしてある）、その中に小項目を立てるという入れ子構造にして読みやすい構成にしている（問題Iのところでも述べた「新聞が読みやすいのは見出しがあるから」ということと同じ）

・各項目の文章量があまり偏っていない（答案用紙に書く前に答案内容をおおむね決めてから書かないと、なかなかこうはならない）

・答案文章は長々と書かず、実際の答案でも1文あたり5行以内に収めている

というように、バランスのよい、読みやすい構成になっています。

このようにして、妥当な内容で読みやすい入れ子構造&短い文章の答案を作れば、A評価は取れます。ここでは「妥当」という表現を使いましたが、傑出した能力、非常に難度の高い課題を解決する能力などを示す必要はなく、順当に落ち度なく業務をこなせることが読み取れればＯＫだということです。さらにマニュアル化が進んだ採点では、出題者から示されたキーワードがあると思われますが、これはスタンダードな内容であるほど数多く含めることができ、逆に特殊なことばかり書いているとキーワードが含まれなくなってくると思われます。

つまり、以下のようなことが高得点のポイントであるといえます。

①答案内容が妥当なものである（マニュアル類等を踏まえた妥当なものである）
②問題文の指示に従っている（題意に沿っている）
③読みやすい答案になっている（章構成を入れ子構造にして全体構成がわかりやすくしてあり、答案本文は長文を避けた簡潔明瞭なものである）

①はもちろん大事ですが、②や③も同じくらい重要です。①に少々間違いや不足があっても、②や③がよくできている（特に③がよくできていて読みやすい）と、評価はけっこう高くなり、①はしっかりしているけれど題意に沿っていなかったり、③が読みにくかっ

たりする答案より高く評価されることもよくあります。

つまり、**技術的内容は着実でそこそこなものでいいから、問題文指示（題意）にしっかり沿って、読みやすい答案を書く**ことがポイントです（これは技術士試験に限らず、記述式問題であれば共通のことです）。

そして、「題意に沿う」ということをもう少し具体的に書くと、

- **設問1では調査・検討項目に抜け落ちがない**
- **設問2では業務遂行手順に抜け落ちがない**
- **設問3ではステークホルダーに抜け落ちがない**

ことがあげられます。

しかし、このことを十分理解しておらず、逆に「技術士試験なんだからとびっきり高度なことを書かなきゃいけない」などと思ってしまって、かえって着実な核心的事項を書かずに付帯的事項ばかり書いてしまい、さらに題意から外れたり読みにくい答案になってしまったりして、せっかく実力があるのに損をしてしまう人が少なからずおられます。評価ポイントをしっかり理解して答案を作成するようにしましょう。

4 問題Ⅲは問題Ⅰの科目版

選択科目のうち問題Ⅲは、選択科目に関する問題解決能力と課題遂行能力を問う問題で、2問中1問を選び、600字詰め答案用紙3枚で解答します。

受験申込案内によると、問題Ⅲの内容は次ページ表の通りです。ここでは問題Ⅰと比較表示します。

当然ではありますが、「問題解決能力及び課題遂行能力」の概念は同じです。しかし出題内容は、いずれもエンジニアリング問題ではありますが、問題Ⅰは技術部門全般、問題Ⅲは選択科目に関する観点からの課題抽出になっています。

また、79ページに示す表及び174ページ表のように、問題Ⅲにおける評価項目は5項目であり、各設問への評価項目割り振りも決まっているため、部門や科目が異なっても各設問の問題文はほぼ同じになっています。そして174ページ表のように、問題Ⅰと問題Ⅲの評価項目は似ていますが、問題Ⅰの評価項目のうち「技術者倫理」が問題Ⅲにはなく、そのためこれが割り当てられていた設問4は問題Ⅲにはありません。

問題Ⅲの内容（問題Ⅰと並記）

項目	問題Ⅲ	問題Ⅰ
概念	**問題解決能力及び課題遂行能力** 社会的なニーズや技術の進歩に伴い、社会や技術におけるさまざまな状況から、複合的な問題や課題を把握し、社会的利益や技術的優位性などの多様な視点からの調査・分析を経て、問題解決のための課題とその遂行について論理的かつ合理的に説明できる能力	**専門知識** 専門の技術分野の業務に必要で幅広く適用される原理等に関わる汎用的な専門知識 **応用能力** これまでに習得した知識や経験に基づき、与えられた条件に合わせて、問題や課題を正しく認識し、必要な分析を行い、業務遂行手順や業務上留意すべき点、工夫を要する点等について説明できる能力 **問題解決能力及び課題遂行能力** 社会的なニーズや技術の進歩に伴い、社会や技術におけるさまざまな状況から、複合的な問題や課題を把握し、社会的利益や技術的優位性などの多様な視点からの調査・分析を経て、問題解決のための課題とその遂行について論理的かつ合理的に説明できる能力
出題内容	社会的なニーズや技術の進歩に伴うさまざまな状況において生じているエンジニアリング問題を対象として、「選択科目」に関わる観点から課題の抽出を行い、多様な視点からの分析によって問題解決のための手法を提示して、その遂行方策について提示できるかを問う	現代社会が抱えているさまざまな問題について、「技術部門」全般に関わる基礎的なエンジニアリング問題としての観点から、多面的に課題を抽出して、その解決方法を提示し遂行していくための提案を問う
評価項目	技術士に求められる資質能力（コンピテンシー）のうち、専門的学識、問題解決、評価、コミュニケーションの各項目	技術士に求められる資質能力（コンピテンシー）のうち、専門的学識、問題解決、評価、技術者倫理、コミュニケーションの各項目

問題Ⅲで確認される評価項目（問題Ⅰと並記）

コンピテンシー	評価内容	割当設問	
		問題Ⅲ	問題Ⅰ
専門的学識	基本知識理解	全体	全体
問題解決	課題抽出	設問1	設問1
	方策提起	設問2	設問2
評価	新たなリスク	設問3	設問3
技術者倫理	社会的認識	–	設問4
コミュニケーション	的確表現	全体	全体

以下、コンピテンシーごとに評価項目について解説します。

(1) 専門的学識（評価内容「基本知識理解」：問題全般に適用）

（コンピテンシーの内容）
- 技術士が専門とする技術分野（技術部門）の業務に必要な、技術部門全般にわたる専門知識及び選択科目に関する専門知識を理解し応用すること
- 技術士の業務に必要な、我が国固有の法令等の制度及び社会・自然条件等に関する専門知識を理解し応用すること

問題Ⅰと同様、社会的重要テーマすなわち人口減少や少子高齢化、厳しさを増す国際競争、激甚化する災害、高度

選択科目による出題テーマの違い

選択科目	災害に関して想定されるテーマ
土質及び基礎	斜面崩壊や液状化、土石流といった地盤災害・土砂災害
鋼構造コンクリート	地震動等の外力による構造物の損傷に関すること
都市計画	防災都市作りなど都市計画的視点からの防災減災
河川、砂防、海岸・海洋	水害（河川）や斜面崩壊・土石流（砂防）、津波・高潮（海岸海洋）など（部門全体とあまり変わらない）
道路	避難路確保、物流幹線のリダンダンシーなど、災害発生時にいかに道路が使えなくならないかといった視点
施工計画	発災時ではなく災害復旧時においていかに迅速に救援復旧を行うか、救援・復旧復興の担い手たり得るにはどうするか
建設環境	防災と環境保全の両立や防潮林などのグリーンインフラ活用

経済成長期の多くのインフラの老朽化、SDGs等の持続可能性・環境問題、そしてICT発達に伴うこれまでにない情報化社会への対応などの問題がテーマになってきて、専門技術的知識よりも、後者の「我が国固有の法令等の制度及び社会・自然条件等に関する専門知識を理解し応用すること」に関する知識が重点的に問われそうに思われます。

こういった点は問題Ⅰと同様なのですが、選択科目ですから出題範囲が科目に絞り込まれており、選択科目ならではのテーマが取り上げられやすくなっています。たとえば建設部門における災害について考えてみたとき、上表のように選択科目によって切り口が大きく変わってくると思われます。

(2) 問題解決（評価内容「課題抽出」及び「方策提起」：設問1及び設問2に適用）

（コンピテンシーの内容）
- 業務遂行上直面する複合的な問題に対して、これらの内容を明確にし、調査し、これらの背景に潜在する問題発生要因や制約要因を抽出し分析すること
- 複合的な問題に関して、相反する要求事項（必要性、機能性、技術的実現性、安全性、経済性等）、それらによって及ぼされる影響の重要度を考慮した上で、複数の選択肢を提起し、これらを踏まえた解決策を合理的に提案し、又は改善すること

問題Ⅰと同様、「課題抽出」と「方策提起」の2つの評価内容に分かれ、前者が設問1、後者が設問2に割り当てられています。2設問にまたがることからも、このコンピテンシーが得点上最重要であると判断されます。

（代表的な問題文）
設問1：（テーマ）に関して、技術者としての立場で多面的な観点から課題を抽出し

分析せよ
設問2：（設問1）で抽出した課題のうち最も重要と考える課題を1つあげ、その課題に対する複数の解決策を示せ

課題抽出では「問題」と「課題」の区別整理がややこしいのですが、問題Ⅰのところで解説したので省略します。**①問題をあげる（困った状況、あるべき姿とのギャップを記述する）→②問題を分析する（問題の発生原因・機構を分析する）→③課題を抽出する（問題解決のために何をなすべきかを述べる）**という手順で課題を抽出すること、専門技術的問題だけでなく、コストや安全、環境負荷などさまざまな切り口で問題をあげることを忘れないようにしてください。

また方策提起では、これも問題Ⅰ同様、国等が実際に提唱している施策や取り組まれていることに沿ったものを基本としたほうがいいでしょう。

なお、**選択科目分野ならではの視点**も重要です。たとえば建設部門の中で土質及び基礎科目についてみると、土構造物のような不均質かつ不安定（間隙水圧が変化すると地盤強度が変化する）な構造物を相手にするため、経験工学的判断のウェイト・属人性が高くなります。

たとえば構造物の強度測定を行う場合、コンクリート構造物のように物性値が均質であれば構造物のどこを測定しても大差ないでしょうが、土構造物では場所によって物性値が大きく異なりますから、構造物中の強度分布に関する知識が豊富な経験に基づいた経験工学的判断が非常に重要になります。つまり、初心者には的確な測定箇所選定が難しいということです。このため、担い手不足に対応して省人化しようとしたときに、ＩＣＴを導入した機械化が安易にはできず、ＩＣＴ導入した場合の経験工学的判断部分をどうするか・人材育成をどうするかなどの乗り越えるべき課題が鋼構造コンクリート科目などに比べると高くなってきます。

こういった、その分野の専門技術者特有の視点というか感性のようなものがあるのですが、そのような視点が感じられない答案を書くと、おかしな表現かもしれませんが「同じ仲間のニオイがしない」と感じられて、ちょっと評価が低くなる（具体的にはコンピテンシー「専門的学識」のところで得点が低くなる）懸念が出てきます。非常に感覚的な表現で申し訳ないのですが、数多くの受験生の答案を採点しているとそういった点の違いが際立って感じられてくるものです。

（3）評価（評価内容「新たなリスク」：設問3に適用）

（コンピテンシーの内容）
・業務遂行上の各段階における結果、最終的に得られる成果やその波及効果を評価し、次段階や別の業務の改善に資すること

設問2であげた解決策を実現するにあたって考えられる「新たなリスク」をあげます。

（代表的な問題文）
設問3：解決策に共通して新たに生じうるリスクとそれへの対策について述べよ

問題Ⅰのところで述べたので、ここでは重複して解説することは省略しますが、二次リスクあるいは解決策の実現を妨げるボトルネックをあげます。「解決策が実施されたとしてもなお残るリスク」（残留リスク・残存リスク）をあげてはいけません。

また、ここでも選択科目ならではの視点が書けるに越したことはないと思います。

（4）コミュニケーション（評価内容「的確表現」：問題全般に適用）

（コンピテンシーの内容）
・業務履行上、口頭や文書等の方法を通じて、雇用者、上司や同僚、クライアントやユーザー等多様な関係者との間で、明確かつ効果的な意思疎通を行うこと
・海外における業務に携わる際は、一定の語学力による業務上必要な意思疎通に加え、現地の社会的文化的多様性を理解し関係者との間で可能な限り協調すること

問題Ⅰと同様、「読みやすい、正しい日本語の文章」が書けていると同時に、問題→問題分析→課題抽出→解決策提案→新たなリスク考察というロジックが飛躍や不整合なく書けていることが求められますし、きちんと章立てして各章・項目の見出しをつけ、通読してもすっと内容が読み取れるようにしておくことも重要です。

以上を踏まえた試験対策としては、問題Ⅰと同じく、以下の4段階で準備されることをおすすめします。

①社会的重要テーマを絞り込む

問題Ⅰと同じく、出題テーマは専門分野と社会経済との関わりといったもの、つまりは**社会的重要テーマ**が出題テーマとして考えられます。ただし前述したように、問題Ⅰは部門全体がテーマの範囲でしたが、問題Ⅲは選択科目がテーマの範囲となり、「その科目ならではの切り口」になるものと思われます。

そして、問題Ⅲは２０１８（平成30）年度までの出題内容とあまり変わっていないので、令和になってからだけでなく、平成時代の出題傾向も含めて過去問題を眺め渡すことで、当年度に出題される可能性の高い重点的テーマをある程度絞り込むことができます。

②知識を蓄える

テーマを絞り込んだら、問題Ⅰと同様、白書その他で大枠を理解した後、建設部門であれば国交省や国総研、各種専門誌、ネット情報等でさらに一歩深い情報を得て、知識を深めます。これまでの問題Ⅲの不合格答案を見ると、「一歩深い情報による知識の深化」が不十分で、薄っぺらな答案しか書けていないものが多いので、白書等での大枠理解にとどまらず、さらに知識・理解を深めることをぜひやってください。

筆記試験問題Ⅰ・Ⅲ用の骨子表

問題	問題分析	課題	方策提起	新たなリスク	その対策
困ったこと重大性・困難性等について読み手が納得できるものがよい	問題の発生原因・発生機構などを分析する	問題分析結果から必然性をもってなすべきことをあげる	課題の実現策 実際の施策や取り組みにつなげるとよい	解決策を実行しようとしたときに制限となるもの・新たな問題	新たなリスクへの対応策（実際の施策等を踏まえることが望ましい）
設問1			設問2	設問3	

③ロジック構成を考える

②で蓄えた知識を活用して、多面的に複数の問題をあげて分析し、課題抽出→解決策の提案→新たなリスク（二次リスク等）の抽出→その対策というロジック構成を考えます。これも問題Ⅰと同じです。骨子表を上に示します（問題Ⅰと同じです）。

④読みやすい文章を書く力を身につける

問題Ⅰと同じ内容ですので解説は省略しますが、「文章が読みにくいと、採点者はロジックが妥当かどうかというところまで進めない＝評価してもらえない」ことはしっかりとご認識ください。

6章

最後のハードル、二次口頭試験

1 口頭試験はこんな試験

難関の筆記試験を突破したら、いよいよ最後のハードル、口頭試験です。口頭試験の手順は、以下のようなものです。

・合格通知

筆記試験合格発表の数日後に合格通知が郵送されてきます。ここには口頭試験の日時及び会場も記載されています。なお、筆記合格発表から通知郵送まで日数がかかる場合があります。口頭試験への備えを万全にするためにも、必ず筆記合格発表当日に日本技術士会や文部科学省のホームページで合否を確認するようにしてください。

・試験日

口頭試験は11月末から翌年1月中旬頃までのうちの1日が指定されています。

2カ月近い幅がありますから、後半に受験する人のほうが準備できたり、試験情報が入ってきたりして有利になるのは事実です。試験内容を他言するのは倫理的に正しい行動とはいえないのですが、現実にはネット上にさまざまな情報が流れています。

また、試験時間は午前9時～午後5時頃の間のどこかで、「原則として20分、10分程度延長可能」という幅を持たせたものになっています。ただし、割り当て時間は1人あたり20分で、延長例はあまりありません。また数人ごとに「空き」の20分が休憩・調整用に設けられているようです。

なお、試験日や試験時間は筆記試験の成績とは関係ありません。遅い日程や時間の人は成績が悪く、試験の前からもう不合格が決まっているとかいった根拠のないうわさが毎年流れますが、全部デマですから信じないようにしましょう。

・試験会場

試験会場は東京のみで、試験会場は東京です。従来は渋谷のフォーラム8だったのですが再開発のため閉館となり、２０２１年度以降はＴＫＰカンファレンスセンター（市ヶ谷や八重洲、新橋）になりました。東京であることは変わらないと思われます。近郊の人以外は前日に上京して近くに宿泊しておくことを強くおすすめします。公共交通トラブルや悪天候（冬ですから雪などの心配もあります）で遅刻しても理由にはなりません。

・口頭試験の流れ

指定された階の受付へ行くと、試験室、試験時間などを受験生ごとに案内したシールを貼ったフロアマップを渡されます。そこには、「試験開始時刻の○分前になりましたら、当該試験室の前の椅子に着席し、待機してください」といったようなことが書いてあります。

それを持って控え室へ行くと、口頭試験受験生で溢れていることと思います。静けさの中に緊張感が漂っているので、耐えられなければ会場周辺で時間を潰してもいいでしょう。

指定着席待機時間になったら、試験室の前に行って、廊下に置かれた椅子に座ります。ここで大事なことは、すべての荷物を持って行くことです。試験終了後に控え室に戻ったりすると、あらぬ疑いをかけられかねません。

席に座ってしばらくすると、前の順番の受験生が試験を終えて出てきます。そして試験開始時間になると試験室のドアが開き、試験官が顔をのぞかせて名前を確認した後、試験官に促されて入室し、試験が始まります。

試験は原則20分ですが、10分程度の延長がありえます。実際には大半は17～19分程度、つまり20分より少し前に口頭試験が終わっているようで、延長時間に食い込んだという人は少ないようです。ともかくすべて終わったらもうフリーです。退室して会場を後にしましょう。

なお、口頭試験内容を再現記録するのであれば、緊張の中での質疑応答の記憶は急速に薄れていきますから、できるだけ早いほうがいいと思います。近所の喫茶店などで、とにかくメモしましょう。

口頭試験の合格率は90％程度で、筆記試験の合格率より断然高いのですが、大部分の受験者が、口頭試験のほうがよほど不安で緊張したといいます。

面接試問というものは質問に対して、答えを即座に言葉にして返さないといけないため、大変緊張します。さらに口頭試験で不合格になると筆記合格も帳消しになるので、翌年はまた一からスタートです。そのこともあって、「1割の不合格組に入ったらどうしよう」と大変不安な気持ちで試験本番までの日々、さらには試験後も最終合格発表までの日々を悶々と過ごす人も少なくありません。

脅してばかりいるようで恐縮ですが、せっかくここまで来たのですから、万全の備えをして、何としても最後のハードルを乗り越えましょう。

2 口頭試験は実務能力の4項目が勝負

口頭試験は次ページ表の4項目について試問されます。

2019（令和元）年度の試験方式変更で、口頭試験の内容も大きく変わりました。次ページ図のように、3つあった試験項目のうち主たる試験項目であった（配点が大きいだけでなく、試験時間の大半をこれに費やし、不合格原因の大部分がこの項目が×になることによる）「経歴及び応用能力」がなくなり、コミュニケーション、リーダーシップ、評価、マネジメントの4つのコンピテンシーについて確認する「技術士としての実務能力」に置き換わりました（79ページの表を参照）。内容は大きく変化したのですが、これらの項目に試験時間の大半をかける点、また不合格になる場合の原因の大半がこれらの項目にある点は変わりません。

一方、旧方式における②技術者倫理、③技術士制度の理解は、新方式においては③技術者倫理、④継続研さんになりました。これらについても内容は変化しているのですが、これらの項目にかける時間はさほど長くはない（せいぜい2～3分）こと、これらが不合格

	確認項目	配点	主な確認方法
Ⅰ技術士としての実務能力	①コミュニケーション、リーダーシップ	30点	業務経歴・小論文・筆記試験答案により試問
	②評価、マネジメント	30点	
Ⅱ技術士としての適格性	③技術者倫理	20点	日常業務等での留意点について試問
	④継続研さん	20点	CPD等の理解確認

口頭試験項目の変更内容

平成25～30年度
①経歴及び応用能力
②技術者倫理
③技術士制度の認識他

→

令和元年度以降
①コミュニケーション、リーダーシップ
②評価、マネジメント
③技術者倫理
④継続研さん

原因になっている例はほとんどないことは、旧方式と変わりません。

さて、では平成30年度まで「経歴および応用能力」行なっていた専門技術力の確認はやめて、実務能力という別の能力を確認するようになったのでしょうか。

そうではありません。「別の能力を確認するようになった」のではなく、「**1段階先の能力を確認するようになった**」と理解してください。

実際の個別業務を考えてみましょう。3章で解説したように、何らかの技術的問題を解決したという事例が望ましいのですが、実際の業務ではコストや人材や資機材などのリソース、工期、情報などに制限があったり、あるいは利害関係者が納得してくれなかったりといった実現上のハードルがあります。このため、「予算や工期がいくらでもあったら、これくらいのことをするけれど、制限があるからここまでにしておく」というように、まずは純粋に専門技術だけで問題解決策を考え、次に実現上のハードルを考慮して実現可能なレベルで実際の提案をするというように2段階で考えることになります。

この1段階目が平成30年度まで求められていた技術士にふさわしい技術的工夫で、2段階目が令和元年度から求められている実務能力と考えればいいでしょう。

このため口頭試験では、

①事例の問題解決内容が専門技術的に妥当であるか
②それを実現上のハードルの中でいかにして実行したか

の順で確認されます。このうち②に関する確認項目が「コミュニケーション」「リーダーシップ」「マネジメント」であり、それを振り返って評価して業務改善につなげる部分が「評価」なわけですね。

では、①は口頭試験では評価の対象外ということで無視されるのでしょうか。そうではなく、②の前提条件のような扱いになっているようです。つまり、専門技術的内容が妥当であって初めて実務能力の評価に進むということですね。令和元年度から3年度までの口頭試験の内容、特に3年度の内容を見ると、

（ア）提出済みの小論文を読んで理解し納得できれば、もう口頭試験では小論文の専門技術的内容には触れないし説明も求めない
（イ）小論文を読んでも理解納得が十分にできなければ、口頭試験の場で説明を求める
（ウ）（イ）の説明を聞いてもなお理解納得できなければ、専門技術的内容について質問する

ということが多いようです（ただ専門技術的な質問は、口頭試験が一通り終わって時間に余裕があるときに、試験官の技術的興味もあってオマケ的に聞かれることもあるようです）。

当然ですが、上記の中では（ア）がベストです。（イ）も（ウ）もちゃんと説明や回答ができれば問題はないのですが、20分しかない口頭試験時間をコンピテンシー以外のところで浪費してしまいますので、コンピテンシーに関して適切ではない回答をして試験官がフォローしようと思っても、もうその時間が残っていないということになる懸念があります。このことからも、**小論文は技術力の高さよりもわかりやすさが大事**だということがわかります。

そのうえで②の実務能力について質問されるわけですが、これについては質問集のようなものがあって、そこに書かれている文言で質問することが多いようです。ただし、実務能力の土台となる専門技術的内容が一つひとつ違うわけですから、実務能力に関する内容も、たとえ質問の文言は同じであっても、個別業務の内容に応じた一つひとつが異なる回答になるはずです。

以上のことを踏まえて、口頭試験で確認される項目について、項目の考え方や実際の口頭試験での質問内容などを含めて、以下に解説していきます。

特に重要なのは経歴・小論文に関わるコミュニケーション・リーダーシップ・評価・マネジメントですが、小論文の内容に沿ってあらかじめ回答を準備しておくにあたっては、リーダーシップとマネジメントについて最初に整理して、それらをステークホルダーにどのように伝えたかという視点でコミュニケーションを整理し、最後に専門技術的対応も含めて評価するという順で考えていくといいと思いますので、その順に解説します。

なお、コンピテンシーに関する回答は、可能な限り小論文のそれも技術的解決策に直結した内容で整理することが望ましいと思います。なぜなら、試験官は小論文をあらかじめ読んでおり、試験中も手元に小論文があって、いつでも参照できるため理解しやすいからです。

小論文以外の事例で回答しようとすると業務概要から説明しなければならず、時間を浪費するとともに、当然ながら試験官の理解度も低くなってしまいます。特にコンピテンシーごとに事例を変えて説明したりすると、その都度感の強い、非常に表面的な印象を受けやすくなります。

(1) リーダーシップ

ステークホルダーとの間での利害関係調整です。これについては、相反する利害関係について折衷案・中庸案を提案し、理解を得てプロジェクトを前に進めることだと理解してください。

たとえば、道路工事をしていると思ってください。事業者も工事業者も地元住民も、早く工事を進めたいという点では一致しているでしょう。このように利害関係が一致しているときは何の調整もいりません。しかし、事業者は安く作りたいと思っているが地元住民はいいものを作ってほしいと思っている、工事業者は早く進めたいと思っているが地元住民は静かに工事をしてほしいと思っているというように、利害関係が一致しないとき（相反している時）に調整が必要となります。そこで**中庸案**です。「安く作ってほしい」と「いいものを作ってほしい」の中庸案として「そこそこ安くて、そこそこいいもの」を提案します。

安さを要求していた人には「あなたが望んでいたほど安くはないけれど、少なくともこの程度の性能はいるのだから、この程度は出してください」、いいものを要求していた人には「あなたが望んでいたほどの性能ではないかもしれないけれど、必要なだけの性能はあるので、これで我慢してください」ということですね。

そして、中庸案だからメリット・デメリットがもちろんあるわけですが、それをちゃんと説明して納得してもらいます。この「ちゃんと説明して」の部分がコミュニケーションです。

利害関係調整というと、納得してくれない人に対して説得して納得してもらうというイメージがありますよね。それはその通りなのですが、問題はどうやって説得するかです。誠心誠意を見せることで人間的に信頼してもらって「お前が言うことなら」と言ってもらうとか、一緒に酒を飲んで仲良くなるとか、そういった方法は世の中に確かにありますし、多用されてもいるでしょう。しかし、これは技術者の資格試験ですから、あくまで技術力を使って説得しなければなりません。それが利害関係の異なる人たちが納得できるような中庸案の提案なのです。

「黙ってオレについてこい」みたいなリーダーシップではなく、みんなが納得できるような提案（ただし技術的提案）をして業務を引っ張っていくのです。調整型のリーダーシップとはそういうことです。

過去の口頭試験を見ると、リーダーシップの理解が不十分で不合格になった例が一番多いように思いますし、リーダーシップをどのように整理したらいいかわからないという人も多いようです。

技術的な問題解決における利害関係の多くは、（A）安くand/or早くと（B）いいものをand/or環境保全といった衝突が多いようです。そこで中庸案として、「そこそこ安く、そこそこいいもの」や「そこそこ早く、そこそこいいもの」を提案したりするわけですね。

ご自分の小論文は、こういった視点で整理できないでしょうか。技術的提案は、予算や工期の制限の中で、どうやって少しでもいいものを作れるかと工夫したというような側面はないでしょうか。もし、いくら予算を使ってもいいとか、いくら時間がかかってもいいというような条件であれば、ここまでのものができたかもしれないけれど、制限があるのでこういうものにしたという側面はないでしょうか。そのように考えれば、技術的提案と直結してリーダーシップが説明できると思います。

(2) マネジメント

限られたリソースを最適配分するマネジメント能力です。リソースとは「人・モノ・カネ」とよく言いますが、つまり人材、資機材、予算ですね。そこに情報が加わるわけです。特にリーダーシップのところで前述したように「安く」「早く」と「いいものを」がトレードオフになった場合、少しでもいいものを作るために品質上、重要なところに予算や人材などを重点的に配分しますよね。つまり望ましいのは**重点配分**、メリハリです。コストダウンによって予算を最小化した(リソースの節約)とか、社内他部署から人手をかき集めて対応した(リソースの確保)とかいうのではなく、リソースの配分であるという点に注意してください。

詳細例の技術的提案に書いたような問題解決は、業務における技術的なヤマだと思います。そして、ここをしっかりしなければ良質な生産物は生み出せないと思います。ですから、そこには集中的にリソースを投入し、それ以外のところは、言葉は悪いですが手抜きをして必要最低限で業務を流すという感じですね。リソースは限られているから重要なものには手厚く、そうではないものには最小限の配分をするということです。このように考えれば、マネジメントもまた技術的提案に直結して整理できると思います。

（3）コミュニケーション

クライアントやスタッフ・部下等との間で確実な意思疎通を行う能力を問われています。

正確さとわかりやすさが重要で、専門家には正確さ、専門外にはわかりやすさを重視します。つまり、相手に合わせて説明の仕方を変えられるかということですね。

正確さのためには、基本的には**書面主義**でしょう。テキストや図面その他、「書いたもの」を介して確実に誤解なく、あいまいさを排除したコミュニケーションを取るということです。技術力が未熟な人は口だけで伝えるとか、あいまいなことを言うなどしますよね。それではダメだということです。

また、わかりやすさは、視覚的にビジュアルに説明するということです。一般市民に説明するときなどは、三次元のイメージ図やポンチ絵など、多少正確ではなくともわかりやすさを優先して説明しますよね。

では、何について説明するかというと、おそらくリーダーシップやマネジメントの内容についての説明だと思います。リーダーシップで求められる利害関係の調整は、①中庸案を考える→②その内容を利害関係者に説明する→③利害関係者に納得してもらう→④プロジェクトが前に進むという4段階になるわけですが、このうち②がコミュニケーションですね。「利害関係に際して、これこれこのような重要案を提案して説明し、理解してもらってプロジェクトを進めた」という内容であれば、リーダーシップになります。そして、そのうち「説明し」という部分について、どのようにして確実に理解してもらったかということを述べれば、それがコミュニケーションになります。

リソースの重点配分、すなわちマネジメントの内容に関して説明することもあるでしょう。これもコミュニケーションですが、コンピテンシーの評価項目としてはコミュニケーションとリーダーシップでセットになっているので、リーダーシップの内容について説明した部分をコミュニケーションとして整理するといいと思います。

なお、コミュニケーションとリーダーシップが混同されている例が散見されます。中庸案を説明して理解を得るわけですが、そのときに何を説明したのかということを述べると中庸案の話になりますからリーダーシップに、どうやって説明したのかということを述べると確実な意思疎通ということですからコミュニケーションになります。利害関係者に説明したということを述べるときに、「説明したもの」であればリーダーシップ、「説明の仕方」であればコミュニケーションということです。

(4) 評価

「現時点での評価と今後の展望、つまりよかった点や悪かった点、次回につなげることなどを述べてください」といった質問が多いようです。

特に技術的提案について、よかった点、もっとできたと思う点などを述べたうえで、その後の技術進展や社会情勢変化等を踏まえて「今ならこうする」とか、今後はこうなっていくといったことが述べられるようにしておいてください。

「あそこでドローンを使えば、もっと効率的になった」みたいなテクニカルな話よりも、専門技術に関する改善点がいいですね。つまり、解決策の提案に関して、さらなる改善点はないかということです。「もっといい方法があったかもしれない」みたいなものではありません。そんなことを言ったら、ご自分の提案を否定することになってしまいかねないので気をつけてください。どのような技術的提案も完全無欠ということはありませんから、改善の余地が必ずあるわけです。それについて考えておきましょう。

(5) 技術者倫理

「詳細例でも今まで行った他の業務でもいいですが、技術者倫理についてどのようなことを重視したか、具体的に教えてください」といった質問が多いようです。

技術士会から公表されているコンピテンシー「技術者倫理」の内容は3項目ありますが、1項目目はほぼ「公益を確保しなさい」という内容です。公益とは、公共の安全と環境の保全ですが、それはそのまま技術士倫理綱領の第1項「公衆の利益の優先」（公衆の安全と健康・福利を最優先にする）と第2項「持続可能性の確保」（つまり環境の保全です）に該当します。そして、コンピテンシー「技術者倫理」の1項目めは、まさにこの技術士倫理綱領の第1項・第2項の文言をそのまま使っています。

したがって、技術者倫理としてどんなことを重要視しているかと言われたら、**公益の確保**を最重要と考えていると述べればいいでしょう。

ただし、そういったお題目を述べるだけでなく、小論文の中では具体的にどういったところが公共の安全を配慮しているところであり、どういったところが環境の保全を配慮しているところなのかを答えられるようにしておきましょう。

これは、次のような3段階で考察するとわかりやすいのではないかと思います。

①基本理念として、公益確保を重視するということを掲げる。

②それを自分の仕事にブレイクダウンし、「自分の仕事では公益確保とはどういうことか」と考える。

③それを個別の業務にブレイクダウンする。

たとえば、道路事業に従事している人であれば、道路の社会的役割を考えると上記②は難しくはないと思います。安全に便利に使える道路を作るということが基本的な目的だと思いますから、公益の確保とは安全で便利な道路を作り運営することだというようなことになるでしょう。

そうすると、個別の業務では道路交通の安全性あるいは利便性といったことに関して妥協しないというようなことになってくるかと思います。

ここでもう少し考えてみましょう。妥協しないということは、それが一番重要だということですよね。ですから、当然そこには優先的にリソースが割り振られます。利害関係を調整するため、中庸案を提案するときにもそこは引かないということになります。何かを作るときに「この機能だけはしっかり持たせるけれど、他のところで譲歩して中庸案を提案する」「この機能だけはしっかり持たせるから、そこには人もカネも惜しまず割り振る」というように考えれば、それぞれがリーダーシップ・マネジメントになってきます。そして、「この機能だけはしっかり持たせる」のはなぜかというと、それが公益確保のためには譲れない部分だからと考えれば、倫理もそこにつながってきます。

技術士が社会の中でしっかりとその役割を果たして信頼に応えようと思うならば、公益の確保のために譲れない部分を明確に持って、リソースやさまざまな利害関係の制限がある中でもそれを確実に実現していくということですね。そういう視点で小論文を整理していただければ、どういったコンピテンシーについて確認しても、しっかりと小論文における技術的提案問題解決につながっていくことになります。つまり、芯の通った一貫性が感じられ、コンピテンシーの項目が変わるたびに答える事例が変わるというようなものに比べれば、ずっと見栄えがするものになると思います。

なお、令和3年度以降の口頭試験では、「倫理に関して（あるいは公益確保において）、利害調整した具体的な取り組みを説明してください」という質問が特徴的でした。「あれ？リーダーシップはさっき答えたんだけど」と戸惑った方が多かったと思いますが、リーダーシップやマネジメントのところの回答内容を、公益確保を重要視するという視点で言い直せばいいでしょう。

たとえば、コスト抑制要求と品質要求のトレードオフだったとすれば、品質要求が公益の確保になるのですから、そちらを優先した折衷案を考えるということになります。たとえば、先ほどマネジメントの項で書いたような、技術的にヤマとなる部分では業務品質を優先して工程を二の次にして、その代わり後工程では工程を最優先するというようにした場合、リソース配分を工夫したという言い方ができると同時に、品質要求と工程要求を両立するという利害調整をしたというまとめ方ができるのではないかと思います。

このような考え方をすれば、倫理も詳細例の技術提案に直結した内容で整理できますから、結局、継続検査以外はすべて詳細例の技術提案に直結した説明ができるようになります。そのようにできれば、非常に一貫した内容になって、試験官も理解しやすいとともに納得度の高い回答になるのではないかと思います。

（6）継続研さん

継続研さんは、旧方式においては技術士制度理解の枠の中で確認されていた資質ですので、「技術士制度のうち継続研さんに絞って確認するようになった」と思っておけばいいかなと思います。

令和元年度口頭試験では、

「資質向上のためにこれまでどういったことをしてきたか」

という質問が主でした。これについては講習会受講や専門誌購読、ネット等を使っての専門技術的動向把握などをあげればいいでしょう。なお、そういった回答に対して、たとえば「講習会に行っています」↓「最近受講した講習会の具体的内容を紹介してください」というように具体例を言わせる（つまり裏を取る）例が多かったようです。したがって、資質向上のための取り組みについては具体例（講習会の内容や専門誌で読んだ論文等の具体的内容を含む）を準備しておきましょう。

また、上記の質問に加えて、

「技術士としてどのように資質向上を図っていくか」

という質問を重ねる例も少なからずあったようです。そこでは講習会受講や専門誌購読等の受け身の取り組みにとどまらず、論文発表や講師など積極的な行動を求めることが多いようです。「技術士として」というところがポイントですね。

すでにそういった積極的な取り組みをしている場合はそれを紹介すればいいですが、そういったことはまだしていないのであれば、「今後は、機会があれば事例発表や後進指導などにも力を入れていきたい」といったことをお答えになればいいでしょう。

3 業務経歴及び小論文は5分程度でプレゼンできるように

業務経歴や小論文の内容について説明を求められる可能性は、せいぜい2~3割だと思われます。

説明を求められる場合、

①業務経歴と小論文両者で5分で説明せよ
②業務経歴を1~2分で説明せよ
③小論文を3分で説明せよ

といった3つのパターンのいずれかが多いようですので、これに合わせて準備をしていく必要はあると思います。ただし、特に時間の指定がない、あるいは「簡単に説明せよ」といった質問例もありましたので、3つのパターンのいずれかしかないと決めつけてはいけません。

以下、業務経歴と小論文のプレゼン内容について解説します。

（1）業務経歴は技術者としての成長過程を1～2分程度でまとめる

業務経歴内容を1～2分程度で説明できるようにしておきます。全部で5行しかありませんので、さほど難しいことではないと思います。

ただし、**業務経歴に書いてあることをそのまま棒読みすることだけは避けてください。**書いてあることの棒読みを聞くほど退屈なことはありません。

これは試験であり、試験の目的は「技術士にふさわしい技術者かどうかを判断する」ことですから、その中での経歴説明の目的は「技術士にふさわしい経歴か判断する」ことです。では、技術士にふさわしい経歴とはどういうものかというと、以下のようなものだと思います。

①科学技術に関する高等教育を受けている。もしくは、それと同等の勉強と経験をしてきている

大学院経歴をプラスして必要経験年数に達している人は、大学院での研究内容に簡単に触れましょう。それ以外の人は「私は○年に○○大学○○学部○○学科を卒業し……」と

いった説明で十分です。

②受験する選択科目に関する相応の業務経験があり、それを糧に成長している

ここが大事です。選択科目に関する経験は長いほうがいいのはもちろんですが、長いだけで成長が見られないという印象を持たれると、漫然と経験を積んできただけと評価されてしまいますので、むしろ逆効果です。

「業務経験は2年しかないけれど、そこで多くのことを学び、身につけている」受験生と「10年近い経験があるけれど、そこから何を学び、どう成長したのかわからない」受験生では前者のほうが断然有利になります。

ですから、**業務経歴1行ごとに、そこで何を学んだのかをアピールする**ようにしましょう。具体的には、業務経歴に書いた業務内容説明の後に、「こういうことを学びました」というような一言を付け加えるといいでしょう。学んだ内容は専門技術的内容でもいいのですが、前項であげた実務能力（コミュニケーション・リーダーシップ・評価・マネジメントの4項目）があくまで口頭試験の中心的試問テーマですので、そういったことに関する成長ステップが読み取れるような内容がよりいいでしょう。たとえばステークホルダーが多様な中での関係者調整では、「事実に基づく合理的で的確なコミュニケーションが必須であることを学んだ」とか、コストや工期も限られている中では「品質面での割り切り、メリハリをつけることが必要だと学んだ」とかいったことですね。

なお、こういった実務能力を身につけたという説明については、説明時間が冗長になりそうだったら省略してもかまいません。実務能力4項目については「質問しなければならないことになっている」のですから、どうせ後で必ず質問されます。ただ、あらかじめ説明してあると試験官もまったくの白紙の状態ではなく、ある程度理解したうえでの質問ができるので、そのぶんだけ評価が高くなることが期待できる可能性があります。

③周辺技術もそれなりに

たとえば、土木分野の公務員技術者が建設部門道路科目で受験するとします。しかし、公務員ですから異動があり、道路だけでなく都市計画や下水道などの経歴も積んでいたりします。こういう人は、経歴の中では当然ながら道路に関するものが重要になるのですが、都市計画や下水道の経歴も省略すべきではありません。

「道路のことしか知らない道路専門技術者」よりも、「都市計画のことも下水道のことも知っている道路専門技術者」のほうが視野が広く、複眼的視点での技術判断が期待できます。「技術力の高度さ」だけでなく、「技術力の幅」もアピールできる人はおおいにアピールしましょう。

以上のようなことを盛り込んで「口頭説明用経歴」を練り上げ、1～2分で説明できるようにしましょう。

(2) 小論文は3分プレゼンでポイントを押さえる

小論文の内容説明を求められる場合、3分程度の時間を貰えるケースが多いのでそのつもりでプレゼンの練習をしておき、与えられる時間の長短があったら、それに合わせて柔軟にアレンジしましょう。

3分程度で内容を理解してもらうとともに、専門技術上あるいは業務遂行上の工夫点についても納得し評価してもらえるようなプレゼンにするためには、次の3つのことを満たすようにすべきだと思います。

①業務の内容が理解してもらえる

そもそもどのような業務だったのかということを試験官に理解してもらわないと、何も始まりません。業務内容が理解してもらえなかったり誤解されたりすると、そのことの質疑で時間を費やしてしまいかねません。

特に建設部門などで「現場」がある業務はその状況を、機器・製品製作等「ものづくり」の業務である場合は、その機器・製品等の仕様・能力等を、簡潔明瞭に伝えるようにしてください。

②問題解決ロジックが理解してもらえる

問題をあげてその原因・機構を分析し、そこからなすべきこと（課題）を導き、その具体策を提案するという構成で問題解決プロセスを簡潔に伝えます。

もともとそういった構成で小論文を書いていただいていれば、小論文の内容を話し言葉として口述すれば大丈夫です（決して小論文の記述内容を棒読みしてはいけません。業務経歴と同様に聞いていて退屈なだけでなく、書き言葉をそのまま口述したのでは非常に伝わりにくくなってしまいます）が、そういった構成になっていなければ、内容を経過・ロジックがわかりやすいように再構成しておく必要があります。

③工夫点が理解してもらえる

令和元年度以降の口頭試験では、受験生の6～7割は小論文の技術的内容に触れられないまま終わっていますが、技術的内容に触れられる場合、単純に知りたいと思ったわからないことへの質問、妥当性についての質問や妥当性確認をどうしたかという質問が多かったようです。一方で、「技術士にふさわしいあなた自身の工夫点は」といった質問はほとんどなかったようです。

こういったことを踏まえると、技術的に妥当であり、自分自身で考えたことであれば（マニュアルの通りにやっただけとか、誰かに教えてもらった、誰かの考えたことをパクったなどでなければ）、技術的内容としては問題はないと思われます。

3章の小論文のところでも書きましたが、飛び抜けた高度な技術レベルは必要なく、むしろ技術的に複雑であったり難解であったりすると、限られた時間の中で試験官が理解し納得するところまで行けず、技術的妥当性について疑問を持たれてしまう懸念があります。そういう点で小論文においては技術的高度さをあまり追い求めないほうがいいのですが、昔の感覚で限られた時間と文字数の中で伝えきれないことが懸念されるような小論文を書いてしまった場合は、とにかく概要だけでも伝えられるようにアレンジしましょう。技術的な工夫点を無理に伝えようとしないこと、もちろん技術の高度さに感心してもらおうなどとは決して考えないことが大事です。

4 受験動機や抱負を整理しておく

あまり確率は高くないのですが、受験動機や技術士になった場合の抱負について聞かれる場合がありますので、あらかじめ整理しておいたほうがいいでしょう。

・「受験動機は何ですか?」

自分のため（憧れ、励み、力試し）と、世の中のため（プロジェクトの中心で力を尽くすなど）の2本立てで述べられるようにしてください。

「先輩に憧れて自分もああなりたいと思った。また自分自身への励みにもしたかった」と答えたら、「それって全部自分のことですよね」と言われたという例が多くあります。

また、資格はあくまで看板なので、「技術士でなければできないこと」を述べましょう。

「技術力向上のため」といったことを答えたら、「それって技術士じゃないとできない?」と突っ込まれて返答に窮したという例があります。

「技術士受験を通して勉強する」も、「じゃあ今日で受験は終わりだから、もう勉強しないってこと?」と突っ込まれたりします。

これらの質疑応答例は、別に意地悪をしているわけではなく、答えがズレているのです。勉強はそれ自体が糧になりますが、それが主たる目的ではないはずです。

「クライアントの信頼を得るため」はいい答え方になります。ただし、公務員の方の場合はこの視点が抜けがちになるので注意してください。「組織内での発言力」「受託者に対する発言力」の視点だけでなく、「国民の信頼を得る」ことが大事なはずです。品質確保法はそういう視点だと思います。

・「合格後の抱負は?(特に技術士の資格を活かして)」

動機と抱負はセットですから、受験動機との整合性にも留意して整理しておいてください。日本技術士会などでの人脈形成も大きなメリットです。

5 筆記答案の内容を整理し、フォローしておく

受験申込み案内には「技術士としての適格性を判定することに主眼をおき、筆記試験における記述式問題の答案及び業務経歴を踏まえ実施する」とありますので、筆記試験に合格したにもかかわらず、その答案について試問される可能性があります。令和元年度以降の口頭試験では、実際に筆記試験答案について質問された人は1割程度しかいないようですが、ゼロではありませんので準備しておいたほうがいいでしょう。

筆記試験後には、要旨だけでもいいので答案内容を再現しておくことは必ずやっておきましょう。そして、口頭試験前になったら再現答案を見直し、不適切な場所あるいは補足すべき箇所があればフォローしておきます。

「このように書いたが、こういったことを書いたほうがよかった」

「こういうことを書いたが、これについても述べればよかった」

などの改善点を述べられるようにしておかれるといいと思います。

6 技術者倫理は中身までしっかり理解

技術者倫理は口頭試験まで進んだ段階で初めて勉強する人が多いと思います。そのため、限られた時間の中で字面だけ詰め込んだような知識になってしまって、少し掘り下げた質問には答えられないということが多くなりがちです。

以下に技術者倫理に関する解説を列挙しますので、これを参考にして、表面的ではなく中身まで理解してください。

(1) 3義務2責務

技術士法における倫理条項には、3つの義務と2つの責務があります。

3義務とは、**信用失墜行為の禁止**、**守秘義務**、**名称表示の場合の義務**です。2責務とは、**公益確保の責務**、**資質向上の責務**です。暗記するだけでなく、きちんと理念を理解して、それを自分自身の言葉で表現できるようにしておきましょう。

・信用失墜行為の禁止

技術者最高資格である技術士としての自覚を持ち、これを卑しめるような言動をしてはいけないということです。法に触れるようなことはしないことが基本です。

・守秘義務

業務上知りえた秘密を他に漏らしてはならないということです。契約終了後や会社を辞めた後も継続します。この義務のみ懲役・罰金の罰則がありますが、秘密を扱う他の資格も同様の守秘義務の規程があり、罰則の程度も似通っています。

・名称表示の場合の義務

「自分の専門分野まできちんと示す」ということですが、注意していただきたいのは名称表示の義務ではないこと、すなわち技術士であることを「名乗らねばならない」という義務ではなく、「技術士の名称を使うときは部門まで示してください」ということです。

・公益確保の責務

会社や個人の利益よりも、公共の利益（社会全体にとって何がよいか）を優先して行動の動機づけとしなさいということです。なお、公共の利益とは、条文によれば「公共の安全と環境の保全、その他の公益」です。

・資質向上の責務

専門技術力と見識（社会的役割の認識と努力）の維持向上が求められます。

（2）罰則について

3義務2責務に違反した場合の罰則については、以下の2つが言えればOKです。

- **名称使用停止・登録取消（3義務2責務すべて。あまりにひどい場合）**
- **1年以下の懲役もしくは50万円以下の罰金（守秘義務違反のみ）**

（3）公益確保と守秘義務のトレードオフ

いわゆる「内部告発」をする場合、公益確保と守秘義務が相反関係（トレードオフ）になります。これに関する質問は、なかなか答えにくいことや、本音と建前が異なるケースが多いことなどから、ちょっと意地悪な質問として、よくなされていました。

原則は公益優先です。「公衆優先原則」といって技術者倫理の基本的概念で、公益通報者保護法では、一定条件（法に関わるような重大な不正）を満たせば公益を守秘義務より優先させることが認められ、法律に違反する行為が公益通報対象行為と定義づけられています。

なお、内部告発・公益通報を行う場合の通報先は監督官庁です。決してマスコミ等ではありません。

技術士倫理綱領と技術士倫理要綱等の比較

	技術士倫理要綱	技術士倫理綱領	NSPE基本綱領
①	品位の保持	公衆の利益の優先	公衆優先原則
②	専門技術の権威	持続可能性の確保	持続性原則
③	中立公正の堅持	有能性の重視	有能性原則
④	業務の報酬	真実性の確保	真実性原則
⑤	明確な契約	公正かつ誠実な履行	信頼関係原則

(4) 技術士倫理綱領

平成23年、かつての「技術士倫理要綱」が改定され、「技術士倫理綱領」となりました。

新旧倫理要綱・綱領と、アメリカPEのNSPE基本綱領について、上位5項目を比べてみましょう（上表）。技術士倫理綱領が、NSPE基本綱領に合わせて改定されたことがよくわかると思います。

7 質疑応答はしっかり確認してプレップで答える

口頭試験での質疑応答において、特に注意しなければならないことが2つあります。

1つ目は「早とちり」です。緊張していると、「とにかく口ごもってはいけない。すぐに何か答えないといけない」と思ってしまいがちです。沈黙が生じないよう、とにかく何か答えようとします。その結果、質問を早とちりして的外れな答えを返してしまうことがよくあります。

質問はしっかりと聞き、もし不安があったら「それは○○ということでよろしいですか」というように確認して、質問趣旨をしっかりと理解してから答えるようにしてください。20分しかない試験時間を早とちりなどで無駄に浪費しないようにしましょう。

2つ目に気をつけてほしいことは、「長くしゃべりすぎない」ことです。試験時間は20分しかなく、試験官はその限られた時間を配分して口頭試験を進めています。そんなときに「はい。その通りです」と一言答えればいいような質問に対して、背景のようなことから話し始めて2分も3分も話し続ける人が時々いますが、自分で自分の首を絞めているとしかいえない自殺行為です。

質問にはとにかく短く、簡潔明瞭に答えましょう。そのためにぜひ身につけてほしいプレゼン技術が「**PREP（プレップ）**」です。

PREPとは、「Point Reason Example Point」の頭文字を並べたものです。Pointとは要点・結論、Reasonは根拠・理由、Exampleは例です。

誰かに自分の考えを述べるとき、「私はこう思います。なぜなら、こうだからです。こういう例もあります。だから、私はこう思います」という構成で説明すると納得してもらいやすくなります。よく「結論から言え」といいますが、そういうことでもあるのです。

口頭試験では、最初に「はい」とか「いいえ」というように、「Yes／No」、つまり答えの方向性を明確に伝えるようにします。

そうすることがなぜ必要なのでしょうか？

たとえば、「あなたの提案した方法は、こういうケースにも適用できますか？」という質問があったとしましょう。

「いいえ。この方法はこれこれこういう理論に基づいています。ですから、そういったケースには適用できないと思います」

この答えなら、最初の「いいえ」で試験官は「ああ、適用できないんだな」と思い、以後の説明は「適用できない理由」だと最初からわかって聞きますから、理解しやすくなります。しかし、

「この方法はこれこれこういう理論に基づいています。ですからそういったケースへの摘要はできないと思います」

この答えだと、試験官は「Ｙｅｓなのか、Ｎｏなのか」がわからない状態で、適用できる根拠なのかできない根拠なのかわからないままに聞かないといけませんから、理解しにくくなります。この根拠部分の話が長くなれば長くなるほど、この傾向はひどくなります。

このように、ほとんど同じ答えで最初に「いいえ」があるかないかだけで、理解度は大きく変わってしまうのです。ＰＲＥＰの最初の「Ｐ」がどれだけ大事か、おわかりいただけたでしょうか。

8 模擬面接の効果は絶大

口頭試験の前に、必ず模擬面接を受けましょう。

最大の理由は、**弱点を洗い出す**ためです。自分の業務経験を自分でまとめた小論文をはじめ、経歴にも筆記試験答案にも、自分の目だけで見ているうちは見つからない「弱点」がいろいろとあります。業務の概要などで、自分の中で前提化してしまって「今さら説明しなくてもわかるだろう」と思っているけれど、「初めて聞く人はそれを説明してもらわないとわからない」ことはよくあることです。そういった「弱点」を洗い出すことで、足りないところを修正し、口頭試験に備えることができます。私も模擬面接の中でリーダーシップやマネジメントの理解不足を多く指摘しています。

模擬面接の試験官が疑問・不適切に感じたところは、本番の試験官も同様に感じることが多いものです。ところが、模擬面接を受けていないと、そういう弱点に気づかないまま当日を迎え、試験本番で自分の弱点を思い知らさせる（もちろん後の祭り）ということになりかねません。

弱点の洗い出しに次ぐ模擬面接の効果は「**場馴れ**」です。緊張して頭が真っ白といった状態になりにくくなるといったこともありますが、自分の話す速さや思い出しにくいポイントの確認、時間配分その他、さまざまなことに気がつくことで、プレゼンや質疑応答スキルが向上し、それにしたがって気持ちに余裕ができてきて、早とちりなどが少なくなり、頭もスムーズに回転するようになります。

地理的・時間的に、あるいは新型コロナウイルス感染リスク対策等でリアルでの模擬面接が難しい場合は、Zoom や Skype 等バーチャルでの模擬面接でも十分に効果はありますから、ぜひ模擬面接を受けてください。

ただし、令和元年度以降の口頭試験内容をしっかり理解している人の模擬面接を受けるようにしてください。「技術士にふさわしいレベルの高さ」などを深掘りする平成30年度以前の口頭試験を前提とした模擬面接を受けても役に立たないばかりか、かえって本番で模擬面接との違いに面食らって失敗しかねません。

なお、模擬面接はできれば3回受けてください。1回目で自分の弱点を洗い出し、2回目で「これならどうだ」とリベンジして、3回目で仕上げという感覚です。

7章

総監部門は「別物」の試験

1 「専門技術」から「管理技術」へ頭を切り替える

1章5項「次のステップは総監」で申し上げましたが、総監部門は総監以外の20部門（一般部門）とはまったく異なります。同じ技術士資格の中の一部門ではありますが、「別物の資格」と思っておいたほうがいいでしょう。

何が「別物」なのかというと、求められる資質が違います。一般部門で求められるのは専門技術力ですが、総監で求められるのは管理技術力、つまりマネジメント力です（近年、一般部門でもマネジメント力を重視するようになってきていますが、マネジメント力だけを求めるわけではありません。その点で総監はやはり「別物」です）。

総監に求められる管理技術力とはどんなものでしょうか。それは4段階で理解していくといいでしょう。

①専門技術力ではなく管理技術力を駆使して問題解決ができる

②5つの管理を正しく理解し使いこなせる（部分最適化）

③限られたリソースを最適配分して全体を最適な状態に管理できる（全体最適化）

④中長期的視野で組織の生産性向上・持続性確保ができる

実際の試験でも、この4段階で評価されると思っておいたほうがいいでしょう。

①ができていない（つまり専門技術者として発想してしまう）と、そもそも筆記試験突破は困難ですし、口頭試験まで進んだとしても「一から出直してこい」といった、けんもほろろの扱いになったりします。合格のためには②は最低条件、③及び④もそこそこできなければいけないという感触です。

まずここでは、専門技術から管理技術への頭の切り替えについて説明します。

たとえば、こんな例を考えてみましょう。

ある土木設計会社が、軟弱な地盤の上に土を盛り上げて道路を作るという土木工事の設計を受注したとします。地盤が軟弱ですから、盛土が地盤に沈み込んだり（沈下）、ひっくり返ったり（すべり破壊）するかもしれません。そしてややこしいことには、すぐ近くに川があって、こちらに向かって地盤が変形する現象も起こるかもしれません。つまりは複雑な解析計算が必要になります。

しかし、この会社はこういった地盤解析は、その気になったら表計算ソフトでもできる程度の簡便な方法でしか解析したことがなく、ソフトウェアもそういったものしか持っていません。さあ、どうするでしょうか。

「一次圧密沈下と弾性変形（あるいは塑性破壊）を一度に計算できる有限要素法解析モデルを使って計算する」

たとえば、こういう提案が専門技術的解決策になりますね。これだけでは「そういうモデルを探してくればいい」わけで、その人の専門技術力のアピールにはなりませんから、そういった計算をするにあたって、土質特性がどうとか、地形要素をモデルにどう反映させるとかいった知恵を絞るわけです。

専門技術者としてはその対応でいいでしょう。では、管理技術者としてはどう対応すべきでしょうか？

「これまで使ったことがない解析手法だから、入力値の不適切や勘違い、ソフトウェア使用時の入力ミスなど、いろいろなミスが発生するリスクが高くなる。だから事前に考えられるミスをリストアップして、それが起こらないようにするチェックリストを作り、それを見ながら作業を進めるようにする。

また、従来より検査の回数と密度を上げてミスを見つけるようにする。さらに、この解析手法の外部専門家に依頼して、妥当性の確認をしてもらう」

これが管理技術者の対応です。専門技術者は「技術的課題を解決すること」を目的にしていますが、管理技術者は「業務が滞りなく終わること」を目的にしているのです。

ところが、この頭の切り替えがなかなかできない人が少なくありません。小論文や筆記試験答案、口頭試験での受け答えで、思わず前述のような「専門技術者の頭」で答えてしまうのです。しかし、これでは「専門技術者から管理技術者への頭の切り替えができていない」と判断されますから、門前払いに近い状態で不合格になります。

まずは、この「管理技術者への頭の切り替え」をしっかり行いましょう。**「どうやったら技術的課題を解決できるか」ではなく、「どうやったら滞りなく業務を遂行できるか」**が管理技術者の発想であり、そのために専門技術力よりも管理技術力を主に駆使するのです。言い換えると、専門技術力を駆使して技術的課題を解決するのが専門技術者で、それが滞りなく遂行できるように管理技術力を駆使して業務を管理するのが管理技術者です。「仕事(技術的課題解決)は人にやらせて、自分はそれを管理する」と考えるといいでしょう。

2 5つの管理をきちんと理解する

次に、前述の総監評価の第2段階、「②5つの管理を正しく理解し使いこなせる（部分最適化）」について説明しましょう。

「どうやったら滞りなく業務を遂行できるか」が管理技術者の発想なわけですが、それでは「滞りなく」とはどんなことを指すのでしょうか？

実際の業務では、さまざまな要素が絡み合います。たとえば前述したように、チェックリストを逐一見ながら業務を進めたり、検査を多重化したりすると時間が余計にかかります。そうすると、下手をすれば納期に間に合わなくなって「しっかりした品質のものを作りましたが、そのため約束の納期に間に合いませんでした」ということになります。発注者はそんなことを許してはくれないでしょう。さらに、時間が余計にかかるということは人件費その他の経費が余計にかかるということでもあります。

「じゃあ残業させて、濃い密度の仕事を納期に間に合う時間でこなそう」

しかし、残業手当がつきますから、人件費は一段と余計にかかります。さらに、あまり残業が続くと従業員の体調不良に至るかもしれません。これを定常的にやっていると労災に発展する可能性すらあります。

「じゃあスタッフ増員だ。大勢でやれば時間はかからないし残業手当も減る」

ところが、今度は技術解析計算ができるスタッフが限られているとか、同時並行で仕事をしていると、誰が何をやっているのかわからなくなって、重複や抜け落ちが多発して結局品質が低下するとか、いろいろな悪いことが起こる可能性が高くなります。

このように、さまざまな要素の絡み合いと、それによって起こるプラス・マイナス（いいこと・悪いこと）がある中で、最もプラス・マイナス収支が有利な方法で業務を進めること、これが「滞りなく」です。

そのためにはまず、業務を進めるうえで、どんな「悪いこと」が起こりうるのかを予想できないといけません。さらに、その「悪いこと」が顕在化しないようにする（あるいは最小化するようにする）ためには、どうすればいいかを提案できなければいけません。

そして、その予想や提案は「思いつき」ではダメで、技術体系として整理されていなければ、コンスタントに質の高い管理をすることはできません。

これをまとめたものが「**総監技術体系**」です。かつては技術士会が発行していた『技術士制度における総合技術監理部門の技術体系』（通称・青本）にまとめられていましたが、内容の陳腐化とともに廃刊となりました。代わって「総合施術監理キーワード集」がホームページ上で公開されていますが、いわば「目次だけ」で、キーワード・項目の内容は自分で調べなければなりません。

この青本及びキーワード集では、業務を進めていくうえで起こりうるさまざまな「悪いこと」の予測とその対応を、**経済性管理・人的資源管理・情報管理・安全管理・社会環境管理**の5つの管理分野に分類整理して体系化しています。これを知識として身につけていて、実際の業務管理に応用して対策を提案することが、総監技術士に求められています。

以下、5つの管理について簡単に説明します。これを理解してから青本やキーワード集を読まれることをおすすめします。

(1) 経済性管理

経済性管理は品質・コスト・工程をバランスよく満たすという管理です。いずれも、それを満たせなくなるものをどうやって防止・最小化するかを考えます。

品質についてはミスをいかに出さないかが第一段階で、さらに品質を向上させることが第二段階です。そのためにはさまざまな品質管理を行います。品質管理の規格ではＩＳＯ

9000がよく用いられますが、これは全社的品質管理（TQM）の1つです。

コストについては原価・会計・投資（特に設備投資）などについて管理しますが、ただコストを下げればいいということではなく、最小コストで最大成果を得るための手法（たとえばオペレーションズ・リサーチ）が重要になってきます。

工程管理は工程計画と進捗管理が重要です。リソースをうまく配分して、どこかに負荷が偏在したり、手待ちが出たりしないようにスムーズに業務を進めます。

これらのことは、日常業務の中でもあれこれ苦労している人が多いので、比較的理解しやすいと思います。その反面、日頃からいろいろ経験があるだけに、品質確保や工期充足のために専門技術を使ってしまうことがありますので注意が必要です。

たとえば品質管理であれば、いいものを作るために専門技術を駆使するのではなく、たとえばミスが発生しないような、もしくは発生しても早期に発見できるような品質管理システムを作って、それを実施することが管理です。工程管理であれば、工程を短縮できるような技術を導入するのではなく、クリティカルパス上の作業のうち、品質やコストへの影響が一番少ないものを複線化して工期短縮をするといったことが管理です。

(2) 人的資源管理

人的資源管理は「人の能力の発揮と向上」と理解すればいいでしょう。

人というのは「生産の4M」の1つですが、人間であるがゆえにメンタル的な影響で生産能力が変動します。単純に言えば、やる気の満ちているときは生産性が高いが、やる気のないときは生産性が落ちるということです。

生産性をできるだけ高めるためには、このメンタル面にも働きかけて、本来持っている能力を発揮してもらおうとします。褒めてみたり叱ってみたり、コミュニケーションを取ろうと努力したり、飲みに連れて行ったり……これを管理技術体系に位置づけて実行するというものが「能力発揮」です。人はどう行動するのかというモデルを基盤にして、「自分から動く」動機づけを与えようというものです。

このように、人の能力の天井いっぱいまで力を発揮してもらおうとするのが人的資源管理の1つですが、その天井そのものを上げようとするのが能力開発、すなわち教育です。

教育は、仕事の中で上司や先輩から教えられていくもの(OJT)と、生産活動とは別に勉強するもの(OFF-JT)があります。「トレーニングによりスキルを身につけて実践力とし、勉強により知識を身につけて応用力とする」と理解するといいでしょう。

どちらにしても、「教育プログラム」と理解しましょう。つまり、誰を何のために教育するのかという目的の明確さ、どのレベルまで到達すれば目標達成なのかという目標の明確さ、そして教育効果はいつ・誰が・どのようにして確認するかといった効果確認の明確さが必要です。口頭試験でも、代表的業務の中で教育訓練をしたと言うと、

「その教育訓練の目標は何ですか」

「効果はありましたか。それは誰がどうやって確認しましたか」

といった質問がよくされ、曖昧な回答は厳しく評価されます。

特に大事なのは効果確認です。

(3) 情報管理

情報管理で扱う「情報」には、技術情報（データ）と管理情報があり、これらの管理は、それぞれ2つずつに分類できます。

①技術情報の識別

扱うデータが膨大だったりまぎらわしかったりして取り違えなどが起こりそうなときに、識別管理のルール作りを行います。

②技術情報の漏洩

秘匿性の高い情報（高度な個人情報や新技術等開発情報など）の漏洩を防止するための

管理ですが、これはたとえば「不便でもパソコンをスタンドアロンにする」↓「利便性を持ちつつパスワード管理」↓「セキュリティリスクを承知しつつ利便性優先」というように、利便性とのバランスを考えつつ、その情報の秘匿重要度に応じて管理レベルを決めていくことが大事になります。

③意思決定のための管理情報の収集整理

業務の進み具合、必要な人・モノ・カネの状況などをきちんと把握していないと「明日の段取りを決めること」、つまり意思決定ができません。そういったことが難しいと思われるような業務において、意思決定に必要な情報が、十分な量と質と迅速さで収集整理できるような仕組み・ルールを作ることです。

④意思決定した管理情報の周知

「明日の段取り」を決めたら、それをスタッフに周知しなければ業務は動きません。それが難しいと思われるような業務において、間違いなく末端まで意思決定結果が伝わる仕組みを作ることです。

なお、これら4つは、いずれも「そのことに関して特段の管理が必要な業務」である場合に講じるべきことです。秘匿性の高いデータを扱っていないのにセキュリティのことをことさらに述べたり、たいして複雑な業務でもないのに管理情報の収集整理や共有を大げさに問題視したりすると、いかにもとってつけたようになりますから注意してください。

（4）安全管理

安全管理は、

①労働安全衛生管理やメンタルヘルスといった事故・健康阻害を防ぐこと

②工場の火災や爆発、製造製品による事故などに関するリスク管理や危機管理

この2つからなります。事故等が考えられる製造業や現場作業などは、後者を取り上げたほうがいいでしょう。未然防止活動や定期点検、KY、ヒヤリハットなどさまざまな管理方策があります。デスクワーク主体の業務ですと過重労働などがテーマになるでしょうが、よほどでないとリスクは大きくなりませんから、オーバーに考えすぎないこともまた大事です。

なお、キーワード集や青本では安全管理の章でリスク管理の解説が出てくるのですが、「リスク管理＝安全管理」ではないので注意してください。

また、リスクは低減するものと決めつけないことが大切です。総監技術者の仕事は、リスクを特定してリスクアセスメントを行い、低減・保有・移転・回避のどの対策を講じるかを決めることです。

（5）社会環境管理

社会環境管理は、社会（外部環境）に対する事業インパクトの中で、環境負荷に関するインパクトをできるだけ低減する管理です。キーワード集ではCSRも社会環境管理に含めていますが、あくまで環境負荷低減の視点でのものですので、典型7公害や動植物景観、廃棄物、温暖化ガスなどは対象となりますが、交通渋滞など「社会に対する迷惑一般」にまで話を広げるのは好ましくありません。また、デスクワーク主体の業務であれば、「社会環境管理については特段の環境負荷はない」と言いきってしまってもかまいません。

3 全体最適化とは何か

総監評価の第3段階、「③限られたリソースを最適配分して全体を最適な状態に管理できる（全体最適化）」について説明します。

わかりやすい例として、災害復旧土木工事をあげましょう。台風がやってきて山崩れが起こり、ある山間集落へ通じる道路が通れなくなってしまいました。集落は孤立しており、一刻も早く復旧しないといけません。あなたは、この工事の現場監督、あるいはその工事を発注している自治体の監督官です。

大至急の工事ではありますが、だからといって粗雑な工事をしてしまうと、山崩れが再発したりしますし、いくら復旧とはいえ、短期間で老朽化して使えなくなるようなものは作れません。また、あまり急がせると事故が起こってしまうかもしれません。要はやみくもに早く工事をすればいいというわけではないのです。さあ、どうしますか？

ここでは、さまざまな個別の管理が絡み合っています。

たとえば、事故が起きないようにしようと思うと、足場をしっかり作るとか、建設重機が入ってくる前に足元の地盤に鉄板を引いて重量を支えるようにするとか、安全管理上のニーズを満たそうとすると時間がかかりますから、「一刻も早く復旧」という経済性管理（工程管理）上のニーズと相反関係（トレードオフ）になります。

また、品質を確保しようと思うと、コンクリートが固まる時間をしっかり確保するとか、時間をかけてきっちり検査するとか、とにかく時間がかかりますから、今度は経済性管理の中で品質管理と工程管理がトレードオフになります。他にも急いで工事をすると環境配慮に力を割けない（工程管理と社会環境管理のトレードオフ）などがありますね。

このように、実際の仕事では何かと何かがトレードオフになることが多いので、個々の管理だけを考えていたのでは破綻してしまいます。

こういう場合、まず最優先すべき最重要の管理項目を決めます。この災害復旧の例では「工期厳守」つまり工程管理が最優先になります。ところが、リソースは限られているので、工程管理を最優先にすると、そのために他の管理レベルを落とす必要が出てきます。たとえば、

①品質管理……工事検査は全数検査をしていると時間がかかって「工期厳守」が危ぶまれるので抜き取り検査に変える

最重要管理項目にリソースを集中するイメージの変更内容

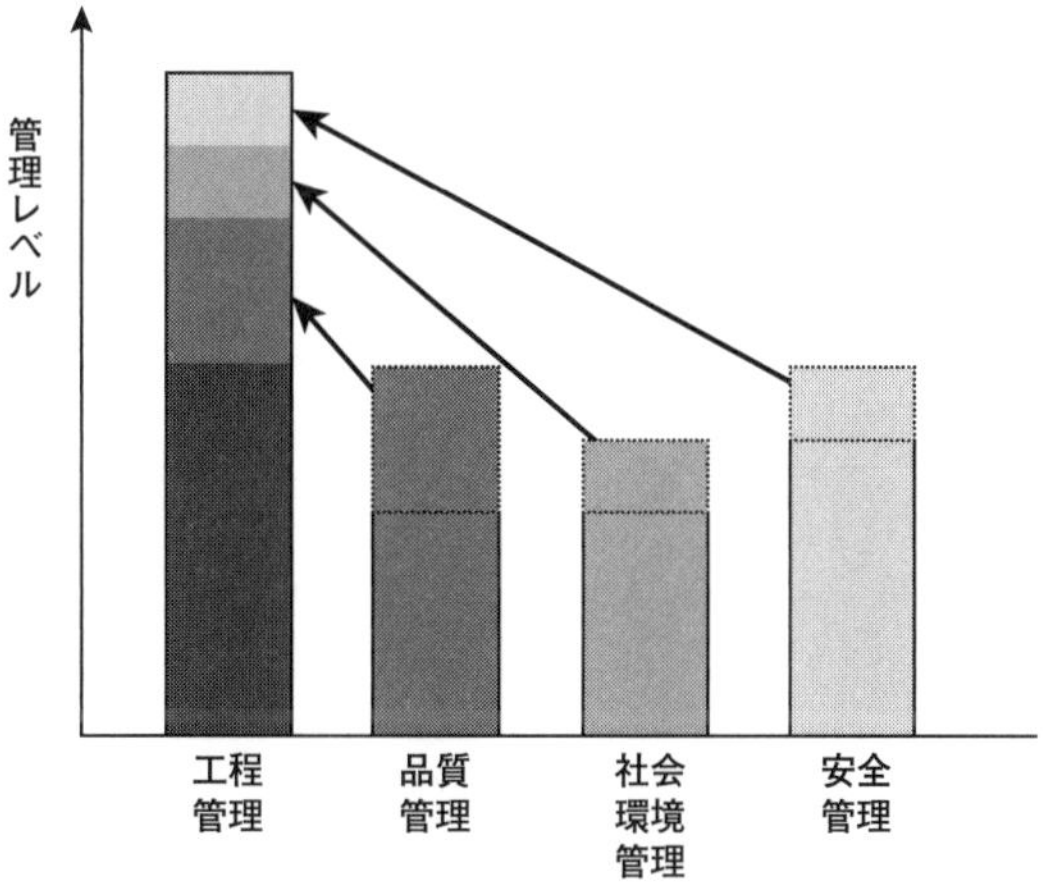

②安全管理……事故防止のためのＫＹ朝礼を省略して、それぞれの班ごとのミーティングに替えるとともに、短期間なので過重労働に目をつぶる

③環境負荷は重大なもの以外は許容する

……といったことですね。そして、それらの管理レベルダウンによって時間を稼いで工事を急ぐということができるようになります。

つまり、最重要管理項目を明確にして、他の管理項目の管理レベルを落とすことで、リソースを最重要管理項目に回すというメリハリのある管理をすることで、業務を最適な状態で遂行することができるようになります。

ところが、優先順位が低いからといって、管理レベルを下げすぎると逆効果になります。

たとえば、品質管理をゼロにして検査をまったくしなくなったら、いくら復旧工事でも許容できないくらいの大きなミスが出て手戻りになり、結局最重要管理目標の「工期厳守」が満たせなくなるといったことになりかねません。

安全管理も同じです。事故を未然に防ぐ活動をやめてしまったり、過重労働も連日の徹夜に至ってしまったりしたら、工事をストップさせざるをえないような重大事故が起こるかもしれません。

このように、最重要管理項目が何かを明確にし、それ以外の管理項目の管理レベルを、「リソースを最重要管理項目に回しつつ、逆効果になるほど下げすぎもしない、ちょうどいいレベル」に設定し（このあたりが管理技術力の発揮のしどころです）、そうすることで**最優先管理項目の要求を満たす**というのが全体最適化の基本です。

ここではトレードオフを取り上げましたが、他には因果関係（原因と結果）もあります。たとえば、「①スキル不足→②そのためミスが起こる→③そのため工期遅延に至る」ということはよくあることです。①は人的資源管理、②は経済性管理（品質管理）、③は経済性管理（工程管理）の問題です。この場合において、根本的原因は①スキル不足ですから、スキルアップ（教育など）がまずやるべき対策になります。

ところが、教育によるスキルアップを待っている時間的余裕がないなどで、①への対処が現実的でない場合、①スキルアップ教育は時間の許す範囲にとどめ、次善の策として②ミスへの対処を行う場合もあります。

さらにそれが工期遅延に至るようなミス発生を100％除ききれないと判断した場合は、③工期遅延対策として人手を入れてスピードアップを図ることもあるでしょう（もちろんそれはコスト管理とのトレードオフになりますが）。

このように、**因果関係を把握する中で、現実的な段階での対処を行う全体最適化**もあります。

4 業務管理はフローで考える

前項で「最重要管理項目をまず考える」ということを述べましたが、実は、ほとんどのプロジェクト管理は、次ページに示すフロー図で整理することができます。

プロジェクトを管理するためには、どんな条件が与えられているのかを整理しなければなりません。このインプットには3つあります。

1つ目は**クライアント要求**です。クライアントから与えられた要求事項で、通常はこれが契約内容になります。ＩＳＯ９００１では「顧客要求事項」といいますね。

2つ目は**組織外の状況**です。たとえば大規模商業施設を作り運営するというプロジェクトにとって、経済情勢や予定地周辺の人の流れ、交通インフラ状況などは大きく影響しますし、道路工事にとっては地元住民が賛成なのか反対なのかは大きく影響するでしょう。また法律や倫理、技術基準など「守ることが求められているもの」もこれに含まれます。

3つ目は**組織内の状況**等です。スタッフは何人確保できるのか、スキルはどのくらいか、予算はいくらか、材料・工作機械などの資機材は確保できるのかといったことがわからな

プロジェクト管理フロー

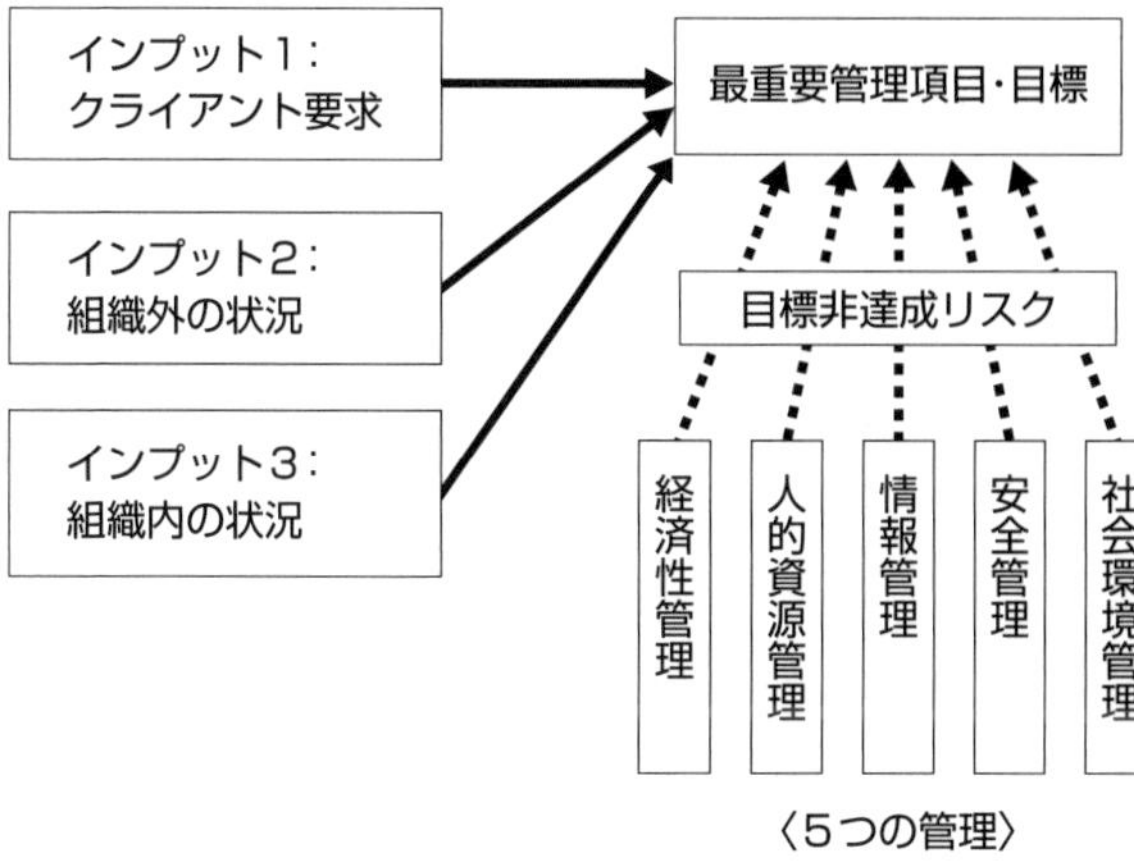

いとプロジェクト管理はできません。

これら3つのインプット条件を整理して、管理計画を立てていきます。

管理計画は、最初に管理目標を決めます。通常はクライアント要求が契約内容ですから、これがそのまま管理目標につながっていきます。

公共事業に伴う委託業務（設計や施工）ではたいていの場合、クライアント要求は「工期内に所定の品質の成果物を納めること」なので、工期厳守と品質確保が管理目標になります。これでもいいのですが、品質管理と工程管理はトレードオフになることが多いので、管理目標同士が相反するのはよくありません。

そこで、もし工期までに所定品質のものを納めることがどうしても難しくなったらどうするかと考えてみましょう。業務によって「多少遅らせてでもしっかり完成」と「できたところまでで打ち切って終了」など対応が異なります。そこで優先されるほうが「管理目標」であり、それに相当する管理項目が「最重要管理項目」です。

なお、管理目標はその達成可否が明確に判断できるもの、できれば定量的なものにしましょう。たとえば「工期厳守」だったら工期に間に合ったかどうかで達成可否が明確に判断できますが、「所定の品質確保」は何をもって所定品質を確保できたと判断するのかがあいまいになりがちです。「顧客の完成検査に合格すること」とか「業務評定70点以上」とか、明確な目標を設定することが肝要です。

管理目標が決まったら、「その目標が達成できないようなリスクがあるとしたら何だろう」ということを5つの管理で考えます。

前述の災害復旧だったら、管理目標は「工期厳守」であり、それが達成できないようなリスクというと、工期遅延に至るようなことです。たとえば、大きな手戻りになるミス、工事が中断してしまうような大事故や環境事故などが考えられるでしょう。また、重要な資機材の調達不可、大幅な手戻りに至るような情報伝達不足、過重労働によるスタッフ不足なども考えておいたほうがいいかもしれません。もし民間プロジェクトだったら、資金枯渇などもあるでしょう。

こういったことを5つの管理それぞれについて考えます。そうしないと、たとえば工程管理と品質管理くらいにしか目がいかず、ホウ・レン・ソウがゼロになってしまい、情報管理がうまくできずに大きな手戻りが起こって工期遅延に至るとか、環境保全に気が回らなくなって重大な環境事故を起こし、工事中断から工期遅延に至る、などということになってしまうわけです。この「必ず5つの管理の視点で考える」ことが「総監ならではの管理」ですから、忘れないようにしてください。

そうして目標非達成リスクがピックアップできたら、そうならないような対処を考えます。ここで大事なのは、たとえば「ミスをしない」というのは、「ミスを一切してはいけない」のではなく、「工期遅延に至る重大手戻りが生じるようなミスをしてはいけない」のです。こうすることで5つの管理の管理基準が明確になってくるのです。

5 組織活動を継続させる中長期的管理

前項で述べた個別業務の管理は比較的短期的な管理ですので、リソースの制限の中で対応していかねばなりません。ですから工期厳守が最重要管理目標であれば、「もっと品質を高めたいけれど、工期があるからここで妥協しよう」というように、品質確保や安全確保などはどこかで「妥協」しなければなりません。これはリソースの制限があるためともいえます。ということは、もっと生産能力を上げることができれば、さらに高い品質を工期厳守と両立させることが可能になると期待できるわけです。

すなわち、短期的にはリソースが変化しない（機械や資材の性能やスタッフのスキルが急に上がったりしない）ので、限られたリソース能力（＝生産能力）の中でやりくりしないといけないわけですが、中長期的に設備保全・投資や教育に取り組むことで、リソースの性能を上げる、つまり生産性を向上させることができるようになります。

たとえば「工期がないけれどスタッフのスキルが足りずに間に合いそうもないから、今回はコストをかけてアウトソーシングして乗り切る」ということは、目の前の業務を乗り

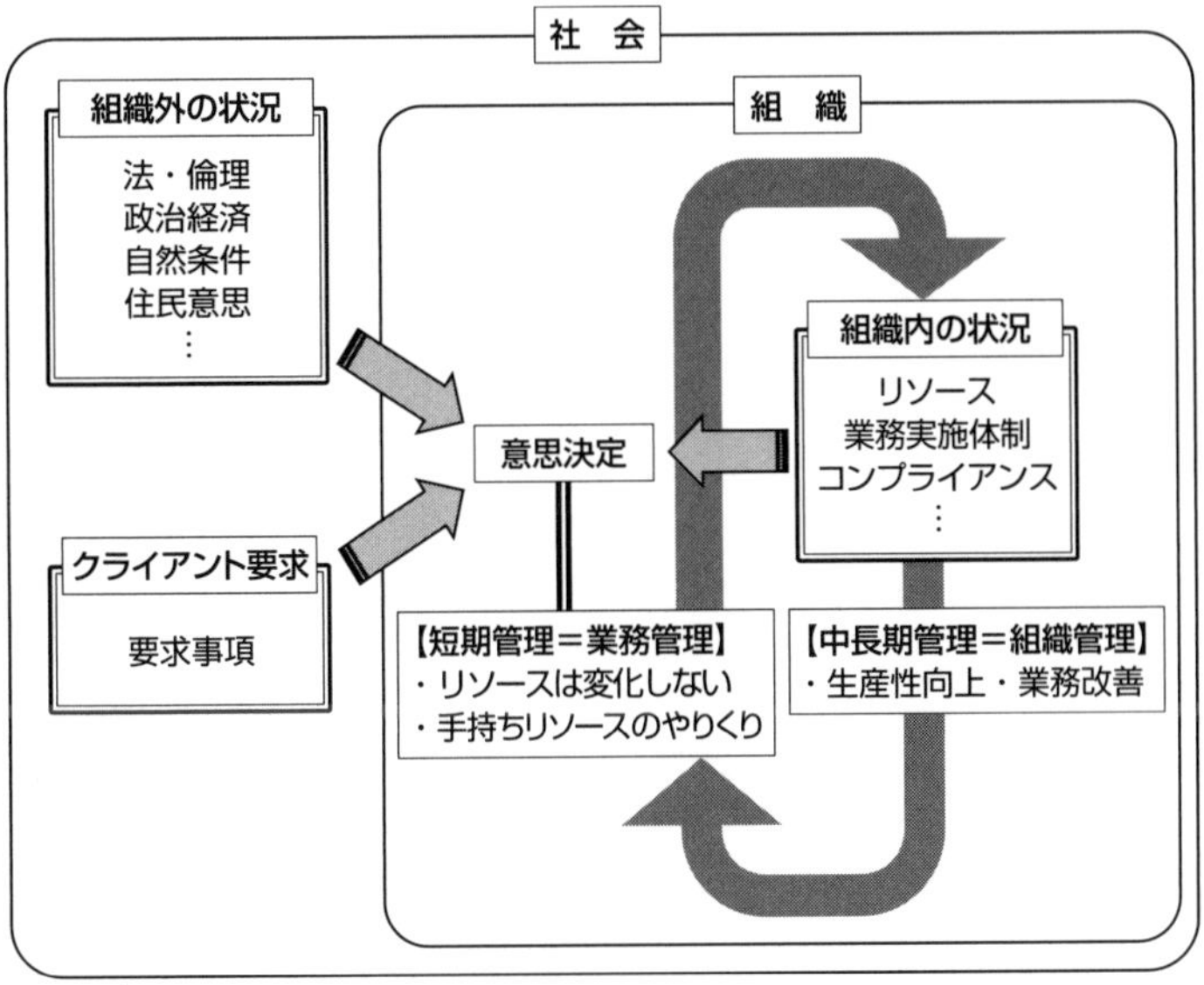

総合技術監理のイメージ

切るには最適な管理かもしれませんが、次回同様の業務に取り組むときにまた同じことをやっていたのではダメですね。そのために個別業務とは別に日頃からスキルアップしたり設備保全をしたりします。

また、組織内外の環境は常に変化しています。内的には従業員の高齢化や生産機器の老朽化（インフラを維持管理している人はその老朽化も含まれます）、生産体制の陳腐化（たとえば少品種大量生産の時代と多品種少量生産の時代で同じような生産体制を敷いていたのでは非効率的ですよね）といったものがあるでしょうし、外的には法・倫理や国民意識などによる組織への社会要請、競合製品等、経済情勢、災害などがあります。また、安全・環境に関する社会的責任（公益確保）に関する社会的要求は時代とともにどんどん強くなってきています。組織が持続していくためには、こういった内外の変化をしっかりと情報把握し（情報管理）、たとえばこれまでの生産方式ではもう対応できなくなるとか、さまざまなリスクを予想して手を打たねばなりません。

以上のように、総監技術者は業務管理だけでなく、組織（企業あるいは任されている部署）の今後のために生産性の向上を考えて中長期的管理（組織管理）を行うことが求められるのです。つまり総監とは企業等の組織が継続的に活動を続けていくための管理技術なのです。

6 総監の業務経歴と小論文

総監は、出願時の業務経歴・小論文も「総監ならでは」のものでなくてはなりません。その一方で、総監初受験の人などは、出願段階ではまだ総監のことをほとんど理解していなかったりします。

とはいえ、年度末から年度初めの多忙期に総監を十分理解できるほど勉強するのもなかなか難しいと思いますので、**業務経歴には無理に「人的資源管理」など5つの管理の文言を入れずに、「管理」という言葉を使うように留意する程度にしておいたほうがいい**と思います。「知ったかぶり」な業務経歴は命取りになりかねません。

一方で、小論文はある程度の内容を書き込まねばならないため、総監を「生兵法」で書いてしまうと後でどうにもならなくなります。ですから、245ページのプロジェクト管理フロー（**3つのインプット→管理目標→目標非達成リスク**）を使って、以下のようにして体験業務をまとめてください。なお、このフローで扱うのは個別業務管理すなわち短期管理に限られます。中長期的管理を小論文にするとぼんやりしたものになりがちなので避けたほうがいいでしょう。

①顧客要求事項を中心に3つのインプット条件を整理して、主要なものを業務概要の中に盛り込む

②問題解決の冒頭で管理目標・最重要管理項目を設定する

③問題として、管理目標非達成リスクをあげる。5つの管理全部をあげる必要はない。リスク値が高いと思われる重要リスク3つ程度に絞る。全体最適化についてはわざわざ書かない

④3つのリスクを選んだら、そのリスクとセットで対策も書くようにする。対策は順当なものでよい

⑤成果は「管理目標が満たされた」ことをさらりと記述する

以上のようにして、次ページのような構成で小論文を作成するといいでしょう。書き方がよくわからない人は、次ページの構成例を「雛型」として利用するといいと思います。

小論文の構成例

当該業務での立場、役割、成果等
【業務概要及び立場・役割】－－－－－－－－－－－－－－－－－－（業務内容）－－－－－－－－－－－－の業務であり、－－－（管理目標につながる重要なインプット条件。通常は顧客要求事項）－－－が求められた。私は管理技術者として、業務管理計画を策定実行した。 **【問題及び解決策】**最重要管理目標は－－－－－－（管理目標）－－－－－－－であった。(○○○○管理)－－－－－－－－－－－－－(管理目標非達成リスク)－－－－－－－－－－－－－が懸念された。そこで私は－－－－－－－－－－－－－－－－－－（非達成リスクを防止あるいは最小化する管理上の方策）－－－－－－－－－－－－－－－－－した。結果、－－－－（管理目標非達成リスクは顕在化しなかった）－－－－。 (○○○○管理) （1つ目の管理項目と同じ内容） (○○○○管理) （1つめの管理項目と同じ内容） **【成果】**以上の対応により、－－－－－－－－－－－－－－－－－－－－－－－－－－－－－－（管理目標が達成されたという内容）－－－－－－－－－－－－－－－－－－－－－－－－－－－－－－した。

7 択一問題は8問×5管理

総監筆記試験は7月中旬の休日（海の日の前日の日曜日）に実施されます。試験は択一問題（午前）と記述問題（午後）からなり、択一（50点）＋記述（50点）の合計点が6割以上（すなわち60点）あれば合格です。

ここではまず、択一問題について解説しましょう。

なお、択一問題・記述問題とも平成21年度以降の過去問題が日本技術士会ホームページに掲載されています。また、私のホームページ（巻末ＵＲＬ参照）には、それ以前からの過去問題も含め、択一問題正解と解説とともに掲載されています。以後の記述は、これらの過去問題を参照しつつお読みください。

択一問題は知識問題です。ですから、勉強する以外にありません。書いて覚える人、音読する人、単語帳のようなものを使って反復練習する人などさまざまですが、自分に合った記憶術を身につけてください。

基本的には、「総合技術監理キーワード集」を流用して用語集のようなものを自分で作ることがいいと思います。以下の手順で作るといいでしょう。

①用語集概要版を作る

まずキーワードを列挙します。Excelを使ってもいいし、Wordでもいいです。そして、その意味をざっと調べます。ネットを活用するといいでしょう。

ここで大事なのは、ネットで見つかった資料等を（あるいは仮にキーワード集の解説書籍等があったとしても）単純に転記してはいけないということです。単なる転記では内容は頭に入ってきません。読んで理解して要約して書くことです。

択一問題は、正確な知識ではなく、ぼんやりした全体イメージがあれば、だいたい正解選択肢がわかるものが多いのですから、「ざっと理解・把握すればいい」と考えて、まずは効率的にキーワード集をカバーすることを優先します。

②ネットを活用して知識を深める〈用語集詳細版〉

概要版ができたら、ネットで検索したりして、より深く調べ、用語解説の内容を詳細にしていきます。どこまでが概要版でどこからが詳細版なのかという境界線は特に気にする必要はありません。要は、「あまり細かいところにはこだわらず、ざっくりした内容でキーワード集を一通りさらうのが概要版、さらに知識を深め、応用例などについても調べるのが詳細版」というように考えてください。

③派生用語をどんどん調べる〈用語集拡張版〉

詳細版が終わったら、あるいは詳細版と並行して、概要版・詳細版を作る過程で（つまりネットであれこれ調べている過程で）遭遇した、キーワードになりそうな用語を、用語集に追加して解説を調べて書き込んでいきます。つまり、概略版→詳細版は用語の解説内容を深めていったのですが、今度は用語そのものを増やす、横に拡張していくのです。

大変な作業ではありますが、これと過去問題の傾向把握等を組み合わせれば、確実に得点が可能になってくると思われます。

④過去問題を活用する

総監部門の択一問題は、前述のように5つの管理に8問ずつ均等に割り振られており、なおかつ管理項目ごとの出題内容は例年似通っているものも少なくありません。近年は過去問題にない問題も増えてはきていますが、それでもなお過去問題だけで60点取れたという人も少なくありません。

技術士会ホームページで問題と正解が公表されていますし、私のホームページでは過年度の択一問題と解説を掲載しています。また有料にはなりますが、スマホを使って択一問題トレーニングができるオンライン練習問題や選択肢ごとの○×問題を延々と繰り返す「100本ノック」などのツールもありますから、ぜひこれらを活用して、択一問題トレーニングを積んでください。

⑤隙間時間を有効利用

たとえば前述したキーワード集をプリントアウトしておき、ちょっとした隙間時間にこれを読んで頭に入れるなど、日常的なトレーニングは有効です。前述の「100本ノック」も有効です。

8 記述問題はワンパターン

よく「総監記述問題はサプライズ」と言う人がいますが、毎年変わるのは出題テーマくらいで出題内容は一定期間変わらず、問題文構成はずっと一定しています。

次ページは平成20年度の記述問題です。5つのブロックに分かれていますね。第1ブロックにはこの問題のテーマに関する説明が書かれています。長文であることも多く、また内容が複雑であったり抽象的であったりして、主旨を十分に読み取れないままに答案を書き出したりしがちですが、ここをしっかり理解していないと得点できません。なぜなら、**総監記述試験は「知識」ではなく「考え方」が重要**になるからです。

平成20年度問題では、「業務にはいろいろなリスクが潜んでいるが、それらをうまくさばいて、業務が最善の状態で遂行できるようにしないといけない。そのためには、業務の管理上の目標を決めて、それが損なわれるようなリスクを5つの管理で予測して対処する」といったことが書いてあります。

平成20年度記述問題

次の問題について解答せよ。（指示された答案用紙の指定の枚数以内にまとめること。）

総合技術監理は、業務に潜在するリスクの抽出と対応を行いながら得るべき利得の最大化を目指すため、場合により相反する側面を総合技術監理の視点から適切に考慮し、最適な総合的判断とその実行を推進することが求められる。この要求に応えるためには、事業やプロジェクトの遂行において、複数の観点からその望ましい遂行の姿を明確にして、その実現のための障害の可能性を5つの管理分野にわたって考慮し、適切な対処を行う必要がある。

……［ここまで第1ブロック］……

このような観点を踏まえて総合技術監理の視点から、あなたの現在担当している、あるいは過去に担当した事業又はプロジェクトを念頭に置いてその望ましい遂行のあり方について、以下の（1）～（3）の設問に答えよ。ここでいう総合技術監理の視点とは、「経済性管理」、「安全管理」、「人的資源管理」、「情報管理」、「社会環境管理」の5つをいう。

……［ここまで第2ブロック］……

（1）あなたが検討の対象とする事業又はプロジェクトの概要とその望ましい業務遂行及び管理の目標を、答案用紙1枚にまとめよ。その際、「総合技術監理では、事業やプロジェクトの成果や要求事項及びプロセスのあるべき姿を明確にして、その目標とする状況を確保するために必要十分な事項を管理していく」という観点を重視して、目標を設定せよ。なお、取り上げる業務は、あなたが直接関与していない他業種の業務であっても十分見解を述べられるものであれば取り上げてもよい。

……［ここまで第3ブロック］……

（2）（1）で挙げた目標を達成できない可能性をリスクとして総合技術監理の５つの視点のうち３つについて、その対象とした事業やプロジェクトに即して具体的に記述せよ。
その際、「社会環境管理」、「経済性管理」については必ず記述し、あとの１つは自分で選択して記述せよ。解答は、答案用紙２枚にまとめよ。

なお、「リスク分析は、管理分野ごとに求められるそれぞれの要求事項を確実に照査し、存在するリスクの抽出を体系的に行うと共にその根本原因を把握することが重要である」という観点を重視して、記述せよ。

……［ここまで第４ブロック］……

（3）上記で把握されたリスクの顕在化を未然に防止し、事業又はプロジェクトを最適化するための方策について、総合技術監理の視点を用いて答えよ。解答は、解答用紙２枚にまとめよ。

その際、「リスクへの対応は、リスクの分析に基づき、対策効果の有効性及び反映すべき要求事項に対する可能な限りの対応を総合的に検討して内容を決定する。そのことにより、マネジメントの最適化を図り、事業又はプロジェクトの目標を達成する」という総合技術監理の観点にも十分留意して、記述せよ。

……［ここまで第５ブロック］……

※平成21年度以降の過去問題は日本技術士会ホームページで公開されています

第2ブロックではどんなプロジェクトについて答案を書くかが指定されます。体験事例か仮想事例か、どの管理について書くのか、管理間の関連について書くのか、しっかり理解することが大事です。

第3ブロックは設問（1）ですが、ここでは取り上げるプロジェクトの概要、テーマでもある管理目標について書くよう指定されています。つまり、プロジェクトの基本的な部分を設定しろというわけです。「その際、こういうことを重視せよ」とか「なお、事例はこんなものでもいい」などと細かい指定がありますが、すべて「なお」書きだと思ってもかまわないでしょう。

第4ブロックは設問（2）で、問題・課題を抽出します。平成20年度問題では管理目標を達成できないリスクをあげます。いろいろな条件がついていたり、管理項目の指定があったりしますが、ともかく問題・課題をあげると思っておけばいいでしょう。

そして第5ブロックでは、第4ブロックであげた課題に対する解決策を述べます。

以上をまとめると、

①問題のテーマ、視点の説明
②取り上げるプロジェクトの決定

③プロジェクト内容や出題テーマに沿った基本条件の設定…設問（1）
④問題・課題の抽出…設問（2）
⑤解決策の提案…設問（3）

という5部構成なわけです。

ただし、年度によってはブロックと設問の関係が大きく変わっていますし、問題・課題と解決策のセットが複数回繰り返される場合もあります。「第3ブロックが設問（1）で第4ブロックが設問（2）」などと決めつけず、設問構成に関係なくブロック構成を把握するようにしたほうがいいでしょう。

さらに次ページ表のように、出題傾向は同じ年数サイクルで変化しています。平成27年度までは3年サイクルで出題傾向が変化していたのですが、平成28年度からは5年間同じ出題傾向が続いています。

実は、これは出題者の任期と一致していると思われます。平成28年度までは試験官・作問委員の任期は3年でした。このため同じ作問者が3年間問題を作ることとなり、類似の出題内容が3年間続くことになったのだと思われます。そして平成29年度から任期が5年

記述問題の内容比較

年度	プロジェクト	出題内容
平成19 ～平成21	体験業務・事業	＜リスクへの対応＞予想できるリスクに対して、あらかじめどう備えるか。H19が大規模災害時のBCP、H20が管理目標の達成できなくなるリスク、H21が不測の事態の発生
平成22 ～平成24	仮想事例 （比較的短期事業が多い）	＜変化への対応＞外部環境変化や予期せぬ事態発生等で、当初の管理計画を変更せざるを得なくなった場合の対応。H22が前提条件変化、H23がカタストロフの影響、H24が様々な条件変化
平成25 ～平成27	仮想事例あるいは自由に設定（長期にわたる事業）	＜条件への対応＞プロジェクトを実施する時の制約条件への対応。H25がメンテナンス性の考慮、H26が人口減少に対応したインフラ更新、H27が国際的イベントを契機とした課題解決
平成28 ～令和2	体験業務・事業 （長期にわたる事業）	＜事業継続リスク対応＞過去を踏まえた将来の事業継続リスクの抽出と対応。H28がイノベーションの二次リスク、H29が事業の持続性リスク最小化、H30が働き方改革、R1がヒューマンエラー、R2が自然災害
令和3 ～令和7？	〃	＜事業継続のためのツール活用＞ 各種ツールやメソッドなどを自分の業務にどう活用するか。R3がデータ利活用、R4がDX導入、R5がSWOT分析

に延長されました。このため平成28年度から作問していた人がそのまま5年後の令和2年度まで作問を続けたと思われます。したがって現在の作問者は令和3年度から令和7年度までを担当すると思われ、「体験業務・事業」「事業継続」という点は変わりませんが、ツールやメソッドなどを活用していかに事業継続・生産性向上・業務改善を実施していくかということを考えさせる問題に変化しています。

これらのことを踏まえ、近年の出題傾向も考慮すると、以下のような点に留意して問題対策を立てられるのがいいのではないかと思います。

(1) 出題テーマ(問題・課題)をある程度予想しておく

令和3年度以降の出題内容を見ると、プロジェクトの遂行や組織の生産活動継続、生産性向上や業務改善につながっていくような出題テーマで、その時期におけるトピックや社会的重要課題にも関連していることが多いようです。

これらを踏まえて今年の社会的課題と、そこから出題テーマをある程度予想しておくといいでしょう。

なお、テーマは事業継続リスクあるいは業務改善・競争力向上につながるものが多いので、社会的課題もそういったものについて考えてみるといいでしょう。

近年の社会的動向としては、たとえば人口減少少子高齢化に伴うエンドユーザー層の変化や担い手不足あるいはそれを補うための多様な働き手・多様な働き方の導入といったものがありますし、それは事業継続リスクでもありますが、デジタル技術活用等により多様な働き方・働き手を先駆けて導入すれば、リスク低減だけでなく社会的評価向上、ひいては人材確保等につながっていくことでしょう。SDGsやLGBTQへの対応なども同様のことがいえるでしょう。令和4年度問題ではこの業務改善に資するツールとしてのDXが指定されましたし、令和5年度は業務改善につなげるメソッドとしてのSWOT分析が提示されていました。

こういったことを踏まえ、プロジェクト遂行や生産活動継続に資するようなツールやメソッドを勉強し（総監キーワードの中から抽出し）、考えを深めておくといいでしょう。

ここで大事なのは、そのツールやメソッドを実際に導入する際にどのようなハードルがあるのかを想像し、それをどう乗り越えるかを5つの管理で整理しておくことです。たとえば働き方改革実現のためテレワークを導入する場合、生産効率が落ちたり労務管理がやりにくくなったりするといった経済性管理（生産活動継続）と安全管理（組織構成員の健康を守る）のトレードオフがあるでしょう。

なお、受験生はものづくり系の分野（機械や電気等）とインフラ整備系の分野（建設や上下水道等）、そして一次産業系（農業・森林・水産）、サービス業系（経営工学や情報工学等）と多岐にわたりますから、作問者はいずれに対してもあまり不公平にならないように問題を作る必要があります。したがって、自分の分野だけの視野でなく、他分野にも共通性がある出題テーマを考えるようにしましょう。

（2）取り上げるプロジェクトは中長期的視点で

取り上げるプロジェクトとしては個別の短期プロジェクトと中長期プロジェクトが考えられますが、これまでの傾向から見て、中長期プロジェクト、もしくは短期プロジェクトを含む中長期的プロジェクト（たとえば特定の製品を開発した後それを販売しメンテナンスし続けるとか、特定の施設を建設した後、それを維持管理、活用し続けるとかいったもの）になると思われます。

そして、体験事例・よく知っている事例が指定されるでしょうから、ご自分の実際のお仕事について、個別の短期プロジェクト遂行とともに中長期的な事業継続を考え、そのプロジェクト遂行や事業継続に資するようなツール・メソッド活用を想定して、管理技術を駆使した実現方策・手順を考えておけば、実際の問題を見てからアレンジすることが容易になると思います。

(3) 組織や生産体制に潜むリスクを見つけるという視点で考える

製品やインフラの運転・保守・維持管理までを考える場合であっても、組織の事業継続を考える場合であっても、期間は当然長期になりますから、「将来において、よりよい仕事ができるようにする」ということを考えなければなりません。すなわち業務改善ですが、この導入動機は「今でも問題ないが、もっとよくしたい」ということはほとんどなくて、ほぼ全てが事業継続リスクを低減することが目的だと思います。今の生産性を維持したままでは技術の進歩についていけず競合他社に遅れをとるでしょうし、現時点で強みを持っているのであれば、生産性の向上がないままではいずれ競合他社にキャッチアップされます。

そして事業継続リスクは、リスクの元になるリスク源を考えて、それをいかに解消・最小化するかを考えるといいでしょう。

リスク源としては、たとえば次のようなものがあります。

- チェック体制が不備なのを放置している
- 新技術導入を理解不十分など中途半端な体制になっている

• 人員不足や偏りがある状態を改善していない
• 社内の連絡体制が不十分なままにしていた
• 社員の安全意識や安全装備が不十分なのを放置していた

……など、いかにも「今に何か大きいミスや事故が起こるぞ」と思われるような状況ですよね。これらの事業継続リスクを放置していると、大きなミスや事故につながるのです。

では、事業継続を脅かすリスクはどこに潜んでいるのでしょうか。まずは245ページ・249ページ図の「3つのインプット」（クライアント要求・組織外の状況・組織内の状況）に潜んでいます。そして249ページ図に示すように、中長期的リスクはインプット条件の変化に伴うものが大部分です。

クライアントの要求は、市場の要求でもあります。組織が受注型であれ自立型であれ、これに対応できないと市場シェアは失われ、事業継続・組織継続の危機に至ります。公共事業組織であれば、社会や国民の信頼を失えば縮小統合・改廃に至るでしょう。

組織外の状況は、大災害のように「対応できないのは誰のせいでもない」と思うものもあるでしょう。しかし平成23年度試験に見るように、極めて確率の低いリスクであっても、その結果が重大になると思えば何らかの備えが必要なのです。

組織内の状況は、人員の高齢化や設備の老朽化など、組織の生産体制に常に目を配り、改善すべきところはないのか常に考えていれば、簡単に見つけられるリスクばかりです。

リスクが顕在化した場合に、なぜ組織の存続に関わるのかというと、それらのリスクが組織の弱点をついたものであるからです。その弱点がリスク源でもあるのです。たとえば資材調達不可は、調達先が1つしかないことがリスク源となります。法制度改定や特許侵害は情報収集不足（そういったルートを作っていなかった）が大きなリスク源です。大地震で組織の存続が脅かされるのはＢＣＰが整備されていないことがリスク源になるでしょう。

つまり、「そういったリスクが予想されるのに、それへの備えをしていないこと」がリスク源になりうるのです。単に大地震が起こっただけでは、それが致命傷になる企業も、打撃を最小化できる企業もあるでしょう。それがＢＣＰ有無の差、つまり予想して備えていたかどうかの差です。これは何かというと、リスク源をリスク源として認識して対策を講じていたかどうかの差です。

このように、3つのインプットのうち組織内の状況は、外部からのインパクトに対して組織が耐えられないような状況を作り出しているリスク源でもあるのです。

以上のように、**プロジェクト・組織の存続に関わるようなリスクを抽出し、それに対する組織の内部リスク源を優先して対処する**という解決策考察になれておくことが重要だと思われます。

(4) 業務改善はリソース強化を中心に考察するとよい

中長期(組織が継続的に生産活動を続けていく段階)におけるリスク(特にリスク源)が抽出できたら、これに関して対策を講じる、すなわち業務改善に取り組むわけですが、これはリソース強化を中心に考えるといいでしょう。

リソースは人・モノ・カネですね。これをMan・Material・Machine・Moneyと言い換えると青本に書かれている「生産の4M」になるわけですが、現実問題としてMoneyは強化できませんから、人・資材・機材を強化することになります。また、Moneyの代わりにMethod、つまり手法を強化してもいいでしょう。

①人の強化~教育及び技術継承

人的資源の強化(生産性向上)は、ひとえに教育です。これについては本章2項(2)で述べているので省略しますが、人のスキルは一朝一夕には向上しないということ、人は感情の生き物なので「その気にさせる」ことは生産性向上のために必須のアプローチといっていいということだけは覚えておいてください。

教育において重要なことは、目標・カリキュラム・効果確認が明確であることです。すなわち、到達目標を明確にし、到達目標に達したらダラダラ続けず終了します。カリキュラムはいつ・どのようにして教育するのかを明確にします。これは状況に応じて柔軟に変更してかまいませんが、変更を計画にフィードバックする（計画を立て直す）ことが必要です。そして効果確認は、いつ・誰が・どのようにするのかをしっかり決めます。これがなく、「やりっぱなし」になるのが一番いけません。

次に技術継承ですが、ベテランのノウハウの多くは暗黙知であり、これを仕事を通じて部下・若手に暗黙知のまま伝承していく（つまり体で覚える）というスタイルがこれまで取られていました。しかし、担い手不足の中でベテランと若手が分業せざるを得ず、若手はベテランの一挙手一投足を見て勉強するというわけにはいかなくなってきました。これがOJTに依存した教育の限界であり、OJTとOFF－JTを組み合わせて教育せねばならなくなってきている理由なのですが、技術継承でも同様のことがいえます。

そこで、ベテランのノウハウを形式知化します。具体的にはノウハウ集のようなものを作ります。そして、このノウハウ集をはじめとするテキスト類を用いて体系的教育（OJTとOFF－JTを組み合わせた教育）によって若手に伝えていきます。つまり、ベテランに依存するのではなく、組織が体系的に人材育成をしていくわけですね。このように組織内の知識やノウハウなどのナレッジ（知）を組織が体系的に管理することをナレッジマネジメントと言います。

②資機材の保全と強化～設備保全とイノベーション

資機材は、まず適切な保全（疲労劣化の最小化）、そして強化（新技術導入など）によってレベルを保ち、また増強していきます。

保全のほうは設備保全が主体となります。「壊れてから直す」事後保全ではなく、予防保全や予知保全により損傷が顕在化する前に適切な補修等を行います。

次に強化ですが、従来のものより優れた資材や機材、さらにはモノではないですがメソッド等を導入していきます。たとえば軽くて強い新素材を導入するとか、人がオペレートしていた機械を自動運転に変えるとか、従来手書きで図面を作っていたのをＣＡＤ製図に変えるとかいったことですね。

ただし新技術導入等にあたっては、負の側面もありますし、従来技術のすべてを新技術に置き換えられるとは限らないので、そういった点にも注意が必要です。

③ツール類の活用

令和５年度問題に出されたＳＷＯＴ分析などがこれにあたります。分析手法としてはバリューチェーンや階層化意思決定法などがありますし、人の強化にも絡みますがナレッジマネジメント、品質管理に関するものとしてはＴＱＭ（ＩＳＯ９０００シリーズ）、環境に関するものとしてはＥＳＧなど、いろいろなものがあります。

④生産体制の改善

５つの管理なり全体最適化がうまくいっていないので、これを改善するということです。どんなに人のスキルが高くとも、資機材が優れたものであっても、仕組みの不備があると事業継続の危機に直面する可能性があるのです。

これは特にリソースの変化に伴って仕組みも変えていくべきなのに、体制がついていっていないということが多いようです。時には生産体制を大きく変える（リエンジニアリング）必要もあります。

以上のような手順・考え方で、過去問題をトレーニング材料として、**①手早く的確に題意を読み取る→②中長期的な事業継続リスクを抽出する→③リソース強化を中心に組織の生産体制を改善する（潜んでいるリスク源を解消・最小化する）**というトレーニングを繰り返し積んでください。

おそらくこういったトレーニングは単なる試験対策にとどまらず、ご自分が所属する組織の生産体制の改善提案にもつながっていくのではないかと思います。

9 口頭試験はいろんな弾が飛んでくる

口頭試験は次の2項目について試問されます。

①経歴及び応用能力（配点60点）
②体系的専門知識（配点40点）

平成25年度からは、従来あった③技術に対する見識、④技術者倫理、⑤技術士法制度等がなくなりました。

試験時間は20分（最大30分まで延長可能）ですが、もともと総監の口頭試験時間は30分でした。また実際は20分前後で終了する受験生が多かったので、平成25年度の試験方式変更で大きな変化があったというわけではありません。

試験内容ですが、総監は、

- **技術的体験論文のプレゼンは基本的になし。簡単な説明を求められることもあれば、い**

きなり質問されることもあり、さらにはまったく取り上げられない場合もあり

・総監として発想できるか、さまざまな仮想事例その他で確認

・筆記試験答案についての質疑もあり

といった内容でした。つまり、最初に経歴説明があり、最後に倫理等についての質問がある以外は決まった形というものがなく、「どこから弾が飛んでくるかわからない」という試験でした。

平成25年度からは技術者倫理・法制度の質問もなくなり、さらに経歴説明もない場合はほとんどで、小論文を主な題材として、最初から最後まで「どこから弾が飛んでくるかわからない」時間が続いているようです。

さらに近年の特徴として、2つのことがあります。

①中長期的管理が重視される

1つの業務の管理最適化以上に、長い目で見た管理最適化が重視される傾向にあります。たとえば業務実施スタッフのスキルが低くて納期内に満足できる業務成果があげられそうにない場合は、スキルの高い外部組織等にアウトソーシングしたりしますが、その業務はそれでよくても、次に同じようなことがあって、また外部にアウトソーシングするようではいけませんから、時間やお金をかけてスキルアップのための教育訓練をしたりします。あるいは、インフラ老朽化や少子高齢化・過疎化などの将来的社会経済情勢を見込んで計画的にリソースを整備していきます。そういったことも総監技術士には求められるようになってきています。

②リスクマネジメント、特にISO31000の影響が大きくなってきている

ISO31000はリスク管理に関する国際規格です。ここ数年で他の国際規格にも大きく影響するようになってきており、総監技術体系と並び立つような扱われ方になっています。試験官によってはISO31000の知識を試すような質問をする人もいるようです。

③要素技術（総監キーワード）を使いこなせることが重視される

令和4年度から顕著になってきたのですが、たとえば「総監キーワードの中で活用してみたいとか、すでに活用しているものはありますか」「小論文の解決策を総監キーワードを使って説明してください」というように、総監キーワードを「知っていて使いこなせる」

能力つまりリテラシーを確認する質問が増えています。

ともあれ、試問の内容は受験生によってばらつきはあると思いますが、基本的には総監リテラシー（総監の基礎的な知識があり、それを使いこなせる能力・応用力）があるかどうかを判断するのが総監口頭試験であると考えればいいでしょう。時には仮想事例であったり、時には技術的体験論文の中身であったり、時には業務経歴の内容や筆記試験答案内容であったり、いろいろな題材を通じて、いろいろな切り口で総監リテラシーを確認してきます。

つまり決まったパターンの質問はなく、臨機応変に総監として考え、総監として答えなければならないということであり、平成25年度以降もこの傾向は変わっていません。

また総監口頭試験は、平成24年度以前から「体系的専門知識」「技術に対する見識」に関する質問として明確なものはほとんどありませんでした。つまり試問項目は「経歴及び応用能力」と「体系的専門知識」ですが、その区別はほとんどなく、小論文を中心に、経歴や組織内の業務担当状況、筆記答案などを題材として総監リテラシー試問がずっと続くと考えておきましょう。

以上のことを踏まえ、口頭試験対策として以下のような準備をしておきましょう。

(1) 小論文に関して

総監においては、小論文の扱われ方が一定していません。近年の口頭試験においても、小論文の内容プレゼンがある人もいれば質問だけの人もおり、さらにはまったく触れられもしない人もいました。

したがって試験準備としては、以下のようなものが考えられます。

- **3分程度の小論文プレゼンができるようにしておく**……業務概要説明30秒程度、管理上のポイント30秒程度、管理上の課題と解決策の説明1分30秒程度、成果と余裕分で30秒程度の構成でしょうか。
- **小論文の内容から予想される質問への回答準備**……これは245ページのプロジェクト管理フロー上で整理しておくといいと思います。すなわち、インプット条件の特性、管理目標とその根拠、5つの管理ごとの管理基準と課題・対策などについて整理しておくといいと思います。なお、小論文で5つの管理すべてをカバーしていない場合は、小論文に書いてない管理項目についてもしっかり準備しておいてください。
- **条件変化への対応トレーニング**……3つのインプットのどれかを変えた場合、たとえば

「この業務では工期が逼迫しているのですが、もし工期に余裕がある場合はどのような管理を行いますか」というような質問に対して、管理目標やその非達成リスク、その対策といったものを頭の中で素早く構築するトレーニングをぜひ積んでおいてください。

- **中長期的な組織管理**……前述したような業務最適化はもちろんとして、それを踏まえて将来に同じような業務に取り組んだ場合はもっといい管理ができるようにリソースや情報管理体制等を整備しておくということについて、何らかの考え・方向性が示せることが大切です。

(2) 経歴に関して

業務経歴の中の任意の行を取り上げて、「この時期のこの業務の管理について説明してください」といった質問がくることが時にありました。選ばれる経歴行は、最初の行と最後の行、あるいは試験官が興味を持つ職務内容記載が書いてある行が多かったようです。

このことを踏まえ、業務経歴の1行ごとに代表的業務を選び、プロジェクト管理フローを使って、インプット条件や管理目標、5つの管理の視点での目標非達成リスクとその対策などを整理しておきましょう。

（3）職務内容に関して

これは意外と盲点になる質問なのですが、たとえば「課長」は、個々の業務とは別にいろんな管理をしています。課の構成員のやる気向上維持（人的資源管理）や日常的なホウ・レン・ソウ（情報管理）などさまざまですね。こういったものを含む職務全般について、「あなたの日常的な職務を5つの管理で説明してください」などと聞かれることがあるのです。よって、特定業務に関する管理（業務管理）だけではなく、日常的な職務における管理についても5つの管理で整理しておきましょう。あらかじめ整理しておかないと、いきなり聞かれてもすぐに言葉が出てきませんよ。

（4）筆記試験答案に関して

総監筆記試験は択一問題と記述問題の合計得点が60％以上というのが合格基準であるため、記述問題の成績が悪くても択一問題でカバーして筆記試験を突破することもできます。しかし試験官（＝筆記試験採点者）は記述問題しか見ていないため、試験官にとっては「不合格にしたはずのあなたがなぜ口頭試験に進んでいるのだ」というようなことにもなりかねません。

こういうこともあるので、筆記試験記述問題の答案について、不適切・不十分だったところはフォローしておきましょう。なお、口頭試験では「答案のここはどういう意味ですか」とか「ここはおかしいんじゃないですか」といったような「答案再評価」みたいな質問よりも、管理全体の考え方、すなわちプロジェクト管理フローのような考え方での大局的質問が多い傾向にあるので、そのあたりを特にしっかり整理しておいてください。

(5) トピック

事故や管理トラブルなどのトピックを総監の視点で解説します。反倫理事例ではないことにご注意ください。たとえば毎年のように発生する大規模水害等の災害に絡んで、リスク管理や情報管理の問題がいくつかあげられると思いますし、新幹線のぞみ重大インシデントや北海道全域ブラックアウト、博多駅前地下鉄工事に伴う道路陥没などの事故もあります。また、近年話題になることが多いさまざまな組織でのデータ改ざん・偽装等がありますが、単なる倫理問題だけで片付けず、設備保全、コストと品質等のトレードオフ、カネ・人などのリソース不足など、さまざまな組織運営上の問題として考えましょう。

(6) 仮想事例

たとえば「あなたは建設コンサルタントですが、建設現場をご存じですか？（「はい」

と返事）それでは、もしあなたが建設現場の現場代理人になったとして、どのような管理をしますか」（平成19年度の私の口頭試験での質問）というような仮想事例・たとえ話が時々出されています。もっと極端なものでは、「もし、あなたが我々試験官の立場になったら、どのように管理しますか」といったものもあります。

このような質問に対しては、245ページのプロジェクト管理フローのように、まず「一番大事な管理は何か」（何が最重要管理項目か）を考え、それを満足させることを管理目標に据え、その管理目標の非達成リスクを考えるようにすると、短時間で管理計画をイメージできます。そして回答も、「この業務は（こういった理由で）○○が最も重要な管理目標になると思います。そうすると、△△（管理目標非達成リスクの最たるもの）が最も重視すべき管理になるかと思います」といった構成にするといいでしょう。

ともかく、仮想事例・たとえ話は、そういう質問に対する回答・考察に慣れておかないと、口頭試験本番の緊張の中で考察するのはなかなか困難なものになると思われます。

（7）模擬面接を受けよう

口頭試験対策としては模擬面接が最も効果的です。

特に総監のように、「どこから何が飛んでくるかわからない」という試験では、いろいろな切り口のいろいろな質問を経験しておくことが、臨機応変な柔らかい思考力を鍛え、またいかなるときでも総監の発想を忘れない思考回路を鍛えます。実際のところ、口頭試験で思わぬ切り口で攻め込まれて舞い上がり、総監の発想も総監技術も全部吹き飛んで専門技術者として答えてしまったという人は多くいらっしゃいます。

おわりに

私が平成15年1月にホームページ「技術士受験を応援するページ」を立ち上げてから、もう18年近くが過ぎました。片田舎に住んでいる私が、情報も指導してくれる人もない中で資格を取ることの大変さを経験したことによって、後に続く地方在住の人たちのために何か情報を提供したいと考えたのがきっかけでした。

ネット上での情報発信、メールを介した個人指導、私が全国各地へ出向いてのセミナー開催と活動を広げる中で、いろいろな人が「手伝いたい」と名乗りをあげてくれて試験支援グループができました。名前は「ＳＵＫＩＹＡＫＩ塾」。「世話好き、世話焼き」の意味です。

全国でたくさんの素敵な出会いがあり、そんな中から支部が作られていきました。現時点では北海道、東北、東京、名古屋、北陸、大阪、広島、四国、博多、沖縄の10支部があり、それぞれにセミナーを開催したりしつつ、技術者同士の連携が広がっています。

たったひとつの資格取得の支援というだけなのに、こんなに大きな活動へと広がったことに今さらながら驚いていますが、それはきっと、この資格が自分の技術者人生に大きな影響を与えたという思いを皆さんが持っており、「取得すればそれでおしまい」ではなく、技術士になったときが新たなスタートだと考えているからではないかと思います。

一次試験から二次試験突破まで一気に駆け抜ける人は滅多にいません。合格までに何年もかかり、途中でくじけてしまう人も数多くいる、大変な道のりです。しかしその道のりは技術力を鍛えてくれ、何より人間を鍛えてくれます。

技術士を目指す過程にも、そして成し遂げた先にも、きっといろんな大切な経験が待っているとと思います。ぜひ、あなたにもこの素晴らしい経験をしてほしいと願っております。

鳥居直也（APEC）

著者略歴

鳥居　直也（とりい　なおや）

技術士、学習サイト「SUKIYAKI塾」代表

1960年生まれ。島根大学理学部地質学科、新潟大学大学院地質学鉱物学専攻課程にて地質学を専攻。修士課程修了後の1985年、故郷である福井県のコンサルタント会社に入社。2003年1月、「技術士受験を応援するページ」を開設、多くの方に情報をいただきながら、2006年にボランティア添削事業「SUKIYAKI塾」をスタート。2007年からは技術士試験の学習サイト「SUKIYAKI塾」として、セミナーなど新たな支援活動を展開。2009年度には「APEC-semi」を立ち上げ、マンツーマン指導を行う他、北海道から沖縄に至るセミナーツアー、Skype面接などさらに幅広く技術士資格取得の支援事業を展開。その後各地で「SUKIYAKI塾の会」が結成され、現在は北海道から沖縄まで10の会が技術士受験生を応援するさまざまな活動を展開中。

技術士としては、総合技術監理部門［建設－土質及び基礎、応用理学－地質］、建設部門［土質及び基礎、建設環境］、応用理学部門［地質］、環境部門［環境影響評価］を取得。また、子ども体験活動ボランティア「NPO法人ホリデースクール」を立ち上げる他、「小浜市ボランティア・市民活動交流センター」を拠点とする「NPO法人WACおばま」の理事長として、まちづくり、子ども育成、NPO支援をテーマに活動中。

［お問い合わせ］

■SUKIYAKI塾

URL　https://www.pejp.net/pe/

MAIL　apec.semi@gmail.com

独学・過去問で効率的に突破する！

最新版「技術士試験」勉強法

2021年1月4日　初版発行

2024年2月15日　4刷発行

著　者――鳥居直也

発行者――中島豊彦

発行所――同文舘出版株式会社

東京都千代田区神田神保町1-41　〒101-0051

電話　営業03(3294)1801　編集03(3294)1802

振替　00100-8-42935　https://www.dobunkan.co.jp

　ISBN978-4-495-52262-9

印刷／製本：萩原印刷　Printed in Japan 2021